KB190845

종이 십자가

헝가리 밥퍼 코리안 목사의

초판 1쇄 2007년 5월 4일

신성학 지음

발 행 인 | 신경하
편 집 인 | 김광덕
편 집 | 박영신 성민혜

펴 낸 곳 | 도서출판 kmc
등록번호 | 제2-1607호
등록일자 | 1993년 9월 4일

(100-101) 서울특별시 중구 태평로1가 64-8 감리회관 16층
(재)기독교대한감리회 홍보출판국

대표전화 | 02-399-2008 팩스 | 02-399-2085
홈페이지 | http://www.kmcmall.co.kr
http://www.kmc.or.kr

디자인 · 인쇄 | 리더스 커뮤니케이션 02)2123-9996

값 9,000원
ISBN 978-89-8430-343-0 03230

헝가리 밥퍼 코리안 목사의

종이 십자가

신성학 지음

kmc

| 저자서문 |

헝가리 선교사역 7년을 보내며 지나온 발걸음을 돌아봅니다. 어느 것 하나 소중하지 않은 것이 없고 감사하지 않은 것이 없습니다. 모든 것이 하나님의 사랑이요, 우리 주 예수 그리스도의 은혜입니다.

부다페스트 서부역을 중심으로 동부역, 모스크바 광장, 데아크 광장 등 부다페스트의 중심지를 돌면서 거리전도 찬양집회를 하며 예수 그리스도의 복음을 나누었습니다. 웃고 울고 행복하고 가슴 아픈 일들이 참 많이 있었습니다. 부족하지만 그간 있었던 사역의 일들을 글로 모았습니다.

이 영광스럽고 아름다운 길을 걸어갈 수 있도록 함께 수고를 아끼지 않으신 분들이 계십니다. 이름 없이 빛도 없이 저의 아픔을 저보다 더 아프게 여기며 기도해 주시는 분들이 계십니다. 지금 그 한분 한분의 얼굴을 떠올리며 고개 숙여 가슴 깊이 감사드립니다. 그리고 이 작은 결실을 드립니다.

끝으로 이 책이 출판될 수 있도록 함께하여 주신 기독교대한감리회 홍보출판국(도서출판 KMC) 총무 김광덕 목사님께 깊이 감사드립니다.

하나님께 모든 영광과 감사를 드리며….

2007년 5월

신성학

| 차례 |

너희 전대에 금이나 은이나 동이나 가지지 말고

너희 전대에 금이나 은이나 동이나 가지지 말고 · 11
찬양하라 내 영혼아 · 15 두고 먹는 사랑 · 23 언제나 예수 추구 · 26
누가 바꾸었을까? · 30 목사의 행복 · 35
기도편지 38

아! 기다림의 열매라!

칠러그 호텔 · 43 검은 눈물 · 47 조각치즈와 늙은 어머니 · 53
따뜻한 바지 생기면 · 59 뭐라고? 달리는 지하철에 몸을 던져? · 64
나쁜 놈! · 68 아! 기다림의 열매라! · 72
기도편지 75

내일은 좀 나아질 거야!

할머니와 고개 숙인 꽃 · 81 인생의 겨울 · 84 뙤비의 너털웃음 · 87
웃지 못할 이유가 없습니다 · 91 내일은 좀 나아질 거야! · 94
내가 너희를 쉬게 하리라 · 101 참 자유 · 104
기도편지 108

나사렛 예수 그리스도의 이름으로

신기하네! · 113 우연인가, 필연인가? · 117 웬만하면 가자! · 123
내 얼굴을 구하면 · 127 나사렛 예수 그리스도의 이름으로 · 130
기도편지 133

종이 십자가

가짜야 가짜! · 139 노예근성 · 143 종이 십자가 · 149
전도자의 훈장 · 157 영혼의 절규 · 161
기도편지 166

내 기도를 물리치지 아니하시고

선한 이웃 · 171 웃는 것도 밤과 낮을 가리나? · 174 똥통으로 가는 길 · 179
황제나비의 힘 · 182 내 기도를 물리치지 아니하시고 · 185
말없이 들려주는 십자가의 증언 · 189 창문 넓이 · 192
기도편지 195

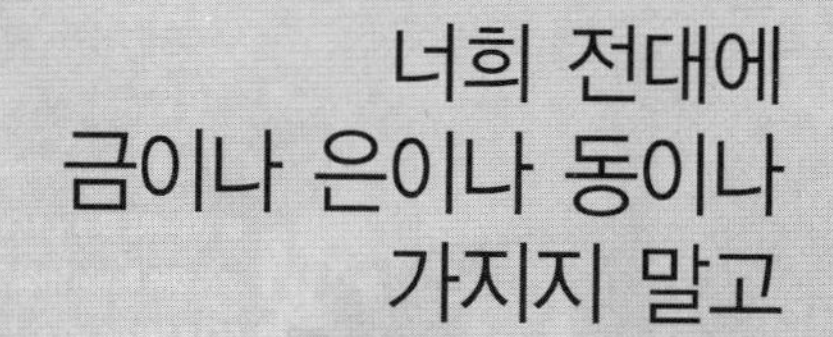

너희 전대에 금이나 은이나 동이나 가지지 말고

하나님께서는 오병이어의 기적 같은 일들로 '하나님을 믿는 믿음' 들고 나선 우리들의 발걸음을 인도해 가시고 있다. 선교하기 힘들다는 유럽에서 흑암을 광명으로, 황무지를 옥토로, 광야를 에덴으로, 반석에서 샘물 내신 그 신비한 능력으로 하나님을 믿는 믿음에 응답하여 주시고 있다.

너희 전대에 금이나 은이나 동이나 가지지 말고

나는 내 어머니의 하나님을 향한 서원을 따라 목사가 되었다. 내가 목사가 된 것은 전적으로 하나님의 은혜다.

나는 아주 어렸을 때부터 항상 "너는 꼭 목사가 되어야 한다."는 말을 듣고 자랐다. 밤마다 문 하나 사이에 있는 건넌방에서 들려오는 부모님의 대화는 "이 시골에서 어떻게 서울에 있는 신학교를 보내지? 저 녀석을 어떻게 해야 목사로 세우나…." 하시는 염려 섞인 기도였다.

그래서 나는 누구든지 "너는 뭐가 될래?"라고 물어오면 목사가 무엇인지도 제대로 모르면서 "목사요."라고 주저 없이 대답하곤 하였다. "목사요! 목사요!" 지금 돌이켜 생각해 보면 참 수도 없이 외쳤던 것 같다.

그래서일까? 하나님께서는 나의 목숨을 그리스도의 피로 값 주고 사셔서 목사로 세워 주신 것인지도 모르겠다. 내가 성악을 전공하여 독창회도 하고 신학교 교수 생활을 하기도 하였지만 하나님의 일, 곧 그리스도의 복음을 전하며 양들을 돌보는 섬기는 자의 반열에 선 목사의 삶이 내겐 영광 중에 영광이다.

그런 내가 목사가 되고 가장 큰 고민에 빠지게 되었다. 하나님의 말씀을 읽는 중에 감동을 받아 선교사로 부름 받고 훈련과정을 거쳐서 선교사가 되었는데, 정작 가족을 데리고 헝가리로 출발할 즈음에 선교 후원을 약정했던 교회로부터 "여러 가지 교회 여건상 선교 후원을 할 수 없으니 선교국과 협의해서 다른 후원교회들을 알아보라."고 하는 통보를 받은 것이다. 이제 선교지로 떠날 날짜만 기다리고 있던 중에 받은 이 통보는 나의 마음에 적지 않은 고통을 주었다.

"하나님! 하나님께서 저를 선교사로 보내시고, 그 귀중한 사역을 감당케 하시려면 있던 어려움도 없애 주셔야지요. 없던 어려움을 오히려 붙여 주십니까? 이게 도대체 뭡니까? 물질 없이 어떻게 선교를 할 수 있습니까? …"

긴 시간 답답한 마음을 가지고 기도하였지만 하나님으로부터 들려오는 음성은 무응답이었다. 몇 주가 지나도록 선교 후원의 문제는 해결될 기미가 보이지 않았다.

그러던 어느 날, 새벽 예배를 가기 위해 아버지의 차를 기다리고 있다가 가로등 불빛 아래에서 성경을 펴들었다. 그때 내가 펼쳐 읽은 성경말씀은 예수님께서 제자들을 세상으로 파송하시는 장면이었다. 마태복음 10장 7~11절 말씀이다.

"가면서 전파하여 말하되 천국이 가까왔다 하고 병든 자를 고치며 죽은 자를 살리며 문둥이를 깨끗하게 하며 귀신을 쫓아내되 너희가 거저 받았으니 거저 주어라. 너희 전대에 금이나 은이나 동이나 가지지 말고 여행을 위하여 주머니나 두벌 옷이나 신이나 지팡이를 가지지 말라. 이는 일군이 저 먹을 것 받는 것이 마땅함이니라."

희미한 가로등 불빛 아래 펼쳐서 읽은 말씀이었지만 그 말씀은 가로등 불빛과는 전혀 상반되게 나의 심장 가득히, 영혼 가득히 아주 환하게 비치고 있었다. 그 말씀의 빛이 나의 온 영혼을 감싸 안았다. 마치 이 세상엔 나와 그 말씀만이 존재하는 것 같았다.

"그래, 바로 이 말씀이야! 바로 이거야! 복음 든 자의 힘은 준비된 재정이 아니라 환경을 넘어서는 초월적 믿음! 이것이 힘이야! 넉넉한 후원을 믿는 믿음이 아니라 마른 막대기, 양 치던 냄새나는 작대기를 능력 있게 하시며, 반석에서 샘물 나게 하시며, 홍해를 건너게 하시며, 하늘에서 만나와 메추라기를 내리시는 하나님을 믿는 믿음이 힘이지."

그 새벽에 하나님은 나에게 넉넉한 돈을 믿는 마음이 아니라 하나님의 하나님 되심을 믿는 믿음을 요구하셨던 것이었다. 준비된 환경을 믿는 이성이 아니라 가로막힌 홍해를 뚫어 가실 하나님을 믿는 가슴 말이다.

그 말씀에 붙들려 나는 2000년 9월 가족을 이끌고 헝가리 부다페스트로 왔다. 이민가방 4개, 숟가락 4개, 밥공기 4개 달랑 들고서 말이다. 그리고 한손엔 승리의 그 언약의 말씀을, 그리고 다른 한손엔 우리 가족이 나눌 수 있는 최선의 것 빵 4개를 부다페스트에서 가장 가난한 사람들을 찾아 나누는 것으로 선교를 시작하였다. 보잘것없고 부끄럽기까지 한 시작이었다. 그러나 하나님께서는 오병이어의 기적 같은 일들로 '하나님을 믿는 믿음' 들고 나선 우리들의 발걸음을 인도해 가시고 있다. 선교하기 힘들다는 유럽에서 흑암을 광명으로, 황무지를 옥토로, 광야를 에덴으로, 반석에서 샘물 내신 그 신비한 능력으로 하나님을 믿는 믿음에 응답하여 주시고 있다.

하나님은 우리의 아버지가 되시고 인도자가 되신다. 그러기에 우리는 그저 그분 앞에 순종하고 모든 것을 내어 드리고 맡기면 되는 것이다. 나의 제한되고 불완전한 지식과 지혜, 환경과 이성, 그리고 경험을 의지하기보다 모든 것을 초월해서 역사하시는 하나님의 완전하신 능력 앞에 나를 맡겨드리면 되는 것이다. 하나님의 말씀을 의지하여 믿음의 길, 순례의 길, 사역의 길을 나서는 그곳에 하나님께서는 기적과 신비의 일들로 역사하시기 때문이다.

시편 119편 72절은 다음과 같이 말씀하고 있다.

"주의 입의 법이 내게는 천천 금은보다 승하니이다."

찬양하라 내 영혼아

헝가리에 도착하고 이틀 뒤 나는 아내와 함께 국회의사당을 찾아갔다. 네오고딕 양식의 건축 예술이 보는 사람들로 하여금 감탄을 자아내게 하였다. 한마디로 '솜씨 대단, 솜씨 만발'이다. 새겨진 조각 하나하나가 빛나는 예술작품이다. 어느 것 하나 흠 잡을 수 없는 정교한 예술이다. '이렇게 찬란한 문화와 역사를 간직했던 민족이 어찌 이리 되었는가? 왜 그 영화를 오래도록 간직하지 못하고 다른 민족들에 의해 수난을 당하며 공산 시절을 겪어야 했는가? 왜 삶이 유린당하고 인격이 병들어야 했는가?' 참으로 안타까웠다.

그러나 나와 아내가 국회의사당을 찾아간 목적은 관광이 아니었다. 이 백성, 이 민족을 향해 여호수아의 마음을 품고 갔다. 복음의 진리와 능력을 상실해 버린 이 백성을 향해 여호수아와 일곱 제사장이 일곱 양각 나팔을 불며 온 백성과 더불어 여리고 성을 도는 그 믿음을 가지고 갔다. 헝가리를 대표하는 이곳 국회의사당을 여호수아와 그 백성의 마음으로 정복하고자, 무너뜨리고자 갔던 것이었다.

"세상 권세에 붙들려 있는 헝가리여, 무너져라! 사단의 억압으로부터 해방될지어다. 그리고 예수 그리스도와 함께 다시 일어나라! 여호수아 성을 쳤네. 여리고!"

약 40여 분 동안 그곳 국회의사당을 한 바퀴 돌면서 아내와 나는 하나님께 이렇게 기도하였다.

"하나님, 저희를 이 땅에 보내 주신 것 감사합니다. 예수 그리스도의 힘과 능력과 권능을 잃고 사망의 잠을 자는 이 헝가리를 깨우게 하여 주옵소서. 복음의 문화는 있지만 예수 그리스도의 능력이 없는 이 땅을 무너뜨려 주옵소서. 그리고 예수님의 사랑과 말씀으로 이 땅에 기초를 다시 세워 주옵소서. 뿐만 아니라 저 흐르는 도나우 강물처럼 성령의 강물이 이곳 헝가리 백성뿐만 아니라 온 유럽을 향하여 다시 한 번 흐르게 하여 주옵소서. 하나님의 하나님 되심으로 이 민족과 저희의 사역 행로에 역사하여 주옵소서."

이렇게 기도하고 우리 부부는 국회의사당 앞에서 하나님을 찬양하였다. "찬양하라 내 영혼아! 찬양하라 내 영혼아! 내 속에 있는 것들아 다 찬양하라!"

그렇게 시작된 헝가리 선교사역! 오늘도 하나님께서는 삶의 굽이굽이마다, 사역의 자락 자락마다 하나님의 하나님 되심, 생명과 진리 되심을 보여 주시며 가르치시며 이끌어 가시고 있다. 성경에 기록된 기적 같은 일들을 실제 경험하고 있다. 상한 심령들이 회복되고, 병자들이 치유되고, 살 소망을 잃은 백성들이 하나님을 만나는, 아직 끝나지 않은 사도행전의 역사가 오늘 여기에서 이루어지고 있다. 우리는 오늘도 현재 진행형인 하나님의 역사 속에 존재하고 있다.

나는 지금도 내 자신을 둘러싸고 있는 난공불락의 여리고 성과 같은 환경을 보고 있는 것이 아니라 나의 환경을 지배하고 계시는 하나님을 보고 있다. 겉사람이 아니라 속사람을, 표면이 아니라 내면을, 포장이 아니라 내용을, 외형이 아니라 핵심을, 껍질이 아니라 알맹이를, 불가능이 아니라 가능을 보고 있다. 마지막이라고 하는 절망을 보는 것이 아니라 시작이라고 하는 희망을 보고 있다. 왜냐하면 보이는 것은 보이는 것이 아니요, 보이지 않는 것은 보이지 않는 것이 아니기 때문이다. 물은 물이 아니요, 산은 산이 아니기 때문이다.

나는 마가복음 10장 27절의 말씀을 참 좋아한다.

"사람으로는 할 수 없으되 하나님으로는 그렇지 아니하니 하나님으로서는 다 하실 수 있느니라."

하나님과 동행하는 사람! 그는 건너지 못 할 강이 없다. 태평양도, 대서양도 기필코 건너고야 만다. 아무리 거세고 흉용한 바람과 파도도 그 앞에는 대적이 되지 못한다. 왜냐하면 모든 것을 다 이루시는 하나님께서 함께 하시기 때문이다. 하나님과 동행하는 사람! 그는 오르지 못 할 산이 없다. 만년설의 히말라야 산도, 천고의 태백산도 반드시 넘어서고야 만다. 하나님과 동행하는 사람! 그 앞에는 아무리 장대한 험산준령이라 할지라도 그의 대적이 되지 못한다. 흉용하게 몰아치는 태풍도 당할 수가 없다. 설령 넘어졌다 하더라도 칠전팔기로 다시 일어서고야 만다. 아니 일어설 수밖에 없다. 하나님과 동행하는 사람! 그는 자신의 제한된 힘으로 사는 것이 아니라 전지전능하신 하나님의 힘과 능력으로 살기 때문이다. 모든 것을 다 하시는 하나님이 동행하시기 때문이다.

여호수아 6장 20절은 이렇게 기록하고 있다.

"이에 백성은 외치고 제사장들은 나팔을 불매 백성이 나팔소리를 듣는 동시에 크게 소리 질러 외치니 성벽이 무너져 내린지라."

2004년 2월 25일, 드디어 불가능이라 불리는 큰 성벽 하나가 무너져 내렸다. 우리 께젤렘교회가 헝가리 정부에 정식으로 등록된 것이다. 교회를 창립한 지 약 2년 5개월 만에 '부다페스트 께젤렘교회' 라는 이름의 교단으로 등록된 것이다. 사람으로는 할 수 없는, 정말 쉽지 않은 일들을 이루었다. 난공불락의 여리고 성, 헝가리의 성이 무너져 내린 것이다. 숱한 수모와 고난을 뚫고 이룬 기쁨이요, 승리였다. 그러나 이 기쁨과 승리는 내 개인의 승리와 기쁨이 아니요, 하나님의 승리며 기쁨이었다. 믿음은 산을 들어 바다에라도 옮기는 능력이요, 믿음은 그리스도 안에서 소망하는 것의 실제다. 믿음대로 이루어지고, 믿음 안에서 역사한다.

2001년 9월 셋째 주일, 우리 가족 4명과 홈리스 9명이 교실 하나를 빌려 시작한 교회였다. 헝가리에 가족과 함께 도착한 2000년 9월 25일 그 주 토요일, 거리전도를 시작한 지 꼭 1년 만에 교회사역을 시작하게 된 것이다. '일 년 안에 교회개척 하겠다.' 는 계획을 세운 것도 아니었다. 헝가리 말도 할 수 없던 나를 들어 성령께서 하나님의 교회를 시작하도록 역사하신 것이었다.

처음에는 '거리교회' 로 시작하였다. 교회 이름도 '거리의 교회' 였다. 언어가 안 되니 설교는 할 수 없고 모여선 사람들과 함께 찬양을 불렀다. 말씀을 읽는 것으로 그리고 거리의 사람들과 함께 손에 손을 잡고 기도하는 것으로 예배를 대신하였다. 어떤 선교사는 그런 나의 모습을 보고 거지합창단 지휘자라고 이야기하기도 했고, 또 어떤 선교사는 거리전도는 열매 없이 실패할 사역이라고 그만하라는 듯 말했지만, 나는 이 일을 시작케 하신 하나님을 믿고 걸어갔다. 선한 일을 시작하신 분이 선한 역사를 세우실 것을 믿고 담대히 행진하였다.

그렇게 해서 시작된 교회가 께겔렘(은혜)교회였던 것이다. 처음 창립하고 거리의 홈리스들이 모인 교회니 어떠했겠는가? 몇 날 며칠씩 씻지도 않고 험한 곳에서 잠을 자던 모습으로 교회에 오니 그 냄새를 뭐라 표현하겠는가? 교실만한 좁은 공간에 40-50명씩 모여 앉으면 역한 냄새 때문에 찬양할 때도, 설교할 때도 몇 번씩 숨을 다

독여야 했다.

특히 비 오는 날, 비 맞고 온 사람들과 예배할 때면 그들의 젖은 머리와 몸이 말라 가면서 풍기는 그 냄새란 어찌 표현할 말이 없다. 하지만 기뻤다. 행복했다. 가슴 벅찼다. 왜냐하면 세상이 등 돌린 사람들, 세상으로부터 버려지고 소외된 사람들, 삶이 일그러지고 기울어진 사람들, 사랑에 목마른 사람들, 바로 살고 싶으나 생각처럼, 뜻대로 되지 않는 사람들, 이 사람들이 하나님을 부르며 할렐루야를 외치며 예배하는 그것 하나면 최고였기 때문이다. 그 가련한 영혼들에게 새 영의 숨을 불어넣어 주시는 성령의 위로와 사랑의 모습을 내 눈으로 직접 확인하고 있었기 때문이다.

그런데 문제는 건물을 빌려 준 주인의 반발이었다. 교회 한다고 해서, 예배드린다고 해서 건물을 빌려 주었더니 매 주일 오는 사람들이라고는 냄새가 득실거리는 거리의 사람들만 잔뜩 모이니 건물 주인의 반발은 당연한 것이었다. 그러니 쫓겨날 수밖에 없었다.

또 다른 건물을 얻어 보지만 역시 얼마 못가서 쫓겨나야 했다. 그럴 때마다 한국에서 아름답고 귀한 자리에서 예배하던 때가 얼마나 생각났는지 모른다. 마음껏 찬양할 수 있는 공간이 있고 소리 높여 기도할 수 있는 공간이 얼마나 그리웠는지 모른다.

여기저기 쫓겨나고 옮기기를 몇 차례, 혹 변두리라면 몰라도 이제는 부다페스트의 어디로도 갈 데가 없었다. 이런 사정 이야기를 어렵게 헝가리 감리교단에 하였더니 오후에 제한적으로 예배할 수 있도록 허락해 주어 -물론 사용료는 내지만- 지금까지 오고 있다. 추운 겨울, 예배시간은 정말 장관이었다. 모두들 하나같이 졸고 있었다. 설교를 하기 위해 강단에 선 것인지, 아니면 졸고 있는 모습을 구경하기 위해 강단에 오른 것인지 도대체 구분이 되지 않았다. 이쪽에서도 저쪽에서도 코를 이용한 미완성의 현대음악이 줄기차게 들려왔다.

그때는 참 그랬다. 그러나 이해해야 했다. 왜냐하면 거리의 사람들은 일주일에 단 한 번 편안하고 따뜻한 곳으로 오기 때문이다. 일반교회에 가봐야 받아 주지도 않고, 그 어디에 이들이 발붙일 곳이 있었겠는가? 추운 곳에 있다가 교회 안으로 들어오니 따뜻하고 편안하여 당연이 눈이 감길 수밖에, 그리고 자연음악을 연주할 수밖에…. 그때의 마음이란 정말 뭐라 표현할 말이 없었다.

정말 초라하고 가능성 없는 시작이었다. 그런데 언제부터인가 홈리스들이 줄고 평범한 사람들이 교회로 오기 시작하였다. 평생을 로마 가톨릭 교인으로 살던 사람들이 은혜 받고 새로운 참 신앙의 길을 걷고 있다. 안 된다고 하는 이 땅에서 된다 하는 역사를 세우는 교회로 성장하고 있다. 사랑과 위로와 생명의 기쁨이 넘쳐나는 초대교회적인 은혜들이 풍성한 교회로 성장하고 있다. 나는 수많은 기적이라 불리는 하나님의 역사를 이 땅에서 보았다. 그러나 그것은 시작에 불과하다. 지금까지의 일이 하나님의 전부가 아니다. 더 크고 영광된 역사가 있음을 믿는다.

나는 이 시간까지 우리들의 사역을 신비스런 길로 이끌어 오신 하나님을 보면서 다시금 내일을 향한 소망의 창을 연다. 내일의 주인이신 하나님을 기대한다. 믿음을 가지고 하나님을 기대하자. 믿음을 가지고 주신 일들을 감당하자. 모자라고 부족한 믿음을 높여서 채워서 받으시는 그리스도를 믿고 걸어보자. 기대 이상의 결실, 바람 이상의 추수를 반드시 이루게 될 것이다. 믿음이 없어서 문제지, 하나님이 주인이신 이 땅에서 이루지 못 할 것이 무엇인가?

히브리서 11장 1~2절은 이렇게 기록하고 있다.

"믿음은 바라는 것들의 실상이요 보지 못하는 것들의 증거니 선진들이 이로써 증거를 얻었느니라."

두고 먹는 사랑

2003년 12월 25일, 성탄절에 예배를 드리고 함께 헌신하는 평신도 선교사 가정들과 함께 서부역에 갔다. 초콜릿, 오렌지, 장갑을 준비해 거리에서 생활하는 그들에게 조금의 위로라도 주기 위해서였다.

평신도 선교사 가정들은 뉴거띠 서부역을 처음으로 방문하는 것이다. 추위에 웅크리고 앉아 있는 그들, 마음마저 얼어버린 그들에게 사랑을 나누고 오는 선교사님들과 아이들의 얼굴을 보니 참으로 행복해 보였다. 그들의 행복에 겨운 모습을 보니 우리가 아는 것처럼 행복은 소유에서 오는 것이 아니고 나눔에서 오는 것임에 틀림없다. '나눔 지수 = 행복 지수!' 이 공식이 성립되는 것이다.

그 일이 있은 후 3주가 지난 1월 둘째 주 목요일, 그날은 평소 때보다 더 추웠다. 그날도 따뜻한 차와 빵을 준비해서 거리의 사람들에게로 갔다. 차례차례 그들의 이야기를 들으며 위로해 주며, 그들의 고통을 들으며 맞장구도 쳐주고…. 그리고 생명의 이름, 예수 그리스도의 이름으로 아픈 이들마다 기도하여 주었다.

그러다가 한 사람이 3주 전 성탄절에 나누어 준 초콜릿 하나를 꺼내 먹는 모습을 보게 되었다. 그리고 남은 초콜릿을 다시 자신의 이불 속으로 얼른 집어넣는 모습도 보았다. 하루에 하나씩만 꺼내 먹었어도 벌써 다 먹고 없을 텐데 그는 그것을 아끼고 아껴서 먹는 것이었다. 시장하고 힘들고 외로울 때마다 음식으로 먹는 것이 아니라 정으로 먹는 것이었다. 그들에게 몇 천 원짜리의 초콜릿은 단순한 초콜릿이 아니다. 3주가 지나도록 간직하고 두고두고 먹는 초콜릿! 그것은 '두고 먹는 사랑' 이었다.

따스한 눈길이 사무치도록 그리운 거리의 사람들은 이 한겨울의 추위를 그렇게 이겨가고 있다. 변변한 이불도 없이 영하 15도 이하의 매섭고 시린 겨울을 얼마 전에 받은 그 사랑 하나로 녹여가고 있다. 받은바 그 사랑을 기억하며 오늘의 고난을 넘어서는 것이다. 나는 3주가 지나도록 간직하며 하나 꺼내 먹고 다시 자신의 이불 속 밑으로 집어넣는 그 모습을 보면서 그가 초콜릿을 집어넣는 것이 아니라 사랑을 먹고 사랑을 간직하는 모습을 볼 수 있었다. 마음 시리고 가슴 시린 외로운 그들에게 이 겨울은 그렇게 흐르고 있다.

내가 헝가리에서 하는 사역을 보고 사람들은 나를 '헝가리의 밥퍼 목사' 라고 부르기도 한다. 한국의 밥퍼 목사님과 사역이 비슷해서라고 한다. 나는 한국의 밥퍼 목사님을 잘 모른다. 그분이 어떤 연유로 해서 그런 사역을 시작했는지도 모른다. 그러나 밥퍼 목사는 특정한 목사들에게만 붙여지는 이름이 되어서는 안 된다. 밥퍼 목사는 예수 그리스도의 일을 행하는 모든 목사가 들어야 할 말이다.

'밥퍼 목사' 이 말은 결코 낮은 말이 아니다. 그리스도의 뒤를 따르며, 그분의 종이 되기로 했다면 당연히 그리고 반드시 들어야 할 말이 아니겠는가? 목사의 일이 무엇인가? 영혼의 양식을 나누는 것이 아닌가? 그리고 한 걸음 더 나아가 영혼의 양식만 말고 배고픔을 호소하는 사람들에게 육의 양식도 나누어야 하는 것이 목사가 아닌가?

'밥퍼 목사' 이 말은 결코 특정인, 특정사역에 붙여질 이름이 아니다. 목사라고 하는 그리스도의 종들이 반드시 들어야 할 필연적 명칭이다. 우리 주님의 사역은 어떠하셨는가? 영혼의 양식을 나누시고 그리고 육의 모든 필요를 제공하셨다. 모든 목사들이 밥퍼 목사가 되어야겠다. 아니 모든 크리스천들이 세상을 향해 밥을 푸는 크리스천이 되어야겠다. 모든 크리스천들이 세상에 사랑의 밥이 되어 굶주린 영혼들에게 사랑의 살을 찌우는 삶을 살아야겠다. 우리 주님이 그러셨던 것처럼 말이다.

언제나 예수 추구

2002년 4월 25일, 오늘도 모아 두었던 헌옷과 아내가 준비해 놓은 과일차를 가지고 서부역으로 갔다. 여기저기 모여 있는 연약한 사람들에게 나누어 주고 돌아올 무렵 그곳의 간이음식점에서(맥주와 커피, 그리고 약간의 음료들을 파는 곳) 청소를 하며 일을 도와주는 어떨러를 만났다. 그는 그곳에서 대가 없이 일하는 일꾼이다. 그저 하루 세 번 배불리 먹는 것이면 족하다. 그러나 때론 손님들이 남겨 놓은 맥주로 배를 채워 취기 오른 불그스레한 얼굴로 청소를 하기도 한다.

그에게 차 한 잔을 나누어 주며 "별일 없지요?"라고 물으니 늘 하던 대로 별일이 있는 것인지 없는 것인지 통 이해할 수 없는 털털한 미소를 내보였다. 그런데 그의 옆에 있던 사람이 "신 어띠여, 이 사람 다리가 굉장히 아파요. 그러니 신 어띠여가 기도를 해 주세요."
라고 말하며 그를 거들었다.

나는 어띨러가 늘 어정쩡하게 걷는 것을 보아왔기에 '원래 그런가 보다' 했던 터라 거절은 못하고 형식적으로, 대충, 그리스도의 이름을 빌려 기도를 하였다. 사실 말이 기도지 하나님과는 전혀 상관없는 기도였다. 부끄럽고 불행한 나의 모습이었지만 어찌 되었든 나는 기도를 하고 난 뒤, 주차장으로 통하는 계단을 향해 두어 발자국을 옮겼다.

그런데 그때 어띨러 뒤에 있던 또 다른 한 사람이 "신 어띠여, 이 사람 다리를 좀 봐봐!"라고 심각한 어조로 소리쳤다. 그의 소리에 나는 속으로 '보긴 뭘 봐! 뭐가 얼마나 심각하기에 보라는 거야?' 하면서 바지를 걷어 올리는 다리로 눈을 옮겼다. 어띨러는 아픔을 참으며 겨우겨우 바지를 걷어 올렸다. 그러자 순간 역한 냄새가 나의 코를 찔렀다. 도저히 코를 그냥 놔 둘 수 없을 정도로 살이 곪아가는 냄새였다. 바지에 가려 있던 그의 다리가 드러났다.

'아! 어찌 이리 되도록….' 그의 발목은 고름투성이였다. 특히 정강이 뒤쪽이 더 심하였다. 진물과 고름이 하나 되어 흘러내렸다.

그제야 나는 아차 싶었다. 먹고 입고 자는 것이 늘 부실한 거리의 사람들, 그래서 그들은 보통사람들보다 더 쉽게 병에 전염되며 한 번 걸린 병은 잘 낫지도 않고 그들의 삶을 더욱 힘들게 한다. 그러기에 거리의 사람들이 나에게 기도를 부탁하는 것은 치료제 이상,

의사 이상, 병원에 가는 것 이상의 의미가 담겨 있었다.

"약도 의사도 가까이 할 수 없는 우리에게 당신의 예수! 죽은 자들도 살리신 능력의 예수 그리스도! 모든 것에 불가능이 없으신 그분에게 이렇게 병든 나를 알려 주시오! 그분의 생명의 이름으로, 치료의 이름으로 기도해 주시오. 그리스도께 우리를 대신하여 기도하여 주시오. 당신은 예수님의 능력을 입은 목사이지 않습니까?" 하는 간절한 바람이었는데 나는 그 중한 의미와 가치를 몰랐던 것이다.

아니, 나의 입장에서 그들의 언어를 듣고 이해하였던 것이다. 제대로 먹고, 입고, 자지 못하는 부실한 사람들의 입장에서 그들을 사랑한 것이 아니라 잘 먹고 잘 자고 잘 입는, 배부른 자의 입장, 기름진 자의 입장에서 그들을 사랑하려 했던 것이다. 그러니 그들의 언어가 제대로 들리지 않고 그들의 마음을 읽지 못하는 것이 당연하였다.

마음 놓고 웃을 일도 없고, 소망의 대상도 없고, 사랑하고 사랑받을 대상이 없었던 그들을 이해하려는 마음도 없이 여전히 냄새나는 타락한 인간의 단상에서 뭔가 하려 했던 나는 참으로 부끄러웠다. 언제나 이 미련하고 유치한 삶의 굴레를 벗어 버릴꼬! 이 너저분한 허위의 지푸라기들을 언제나 털어 버릴꼬!

나는 계단을 걸어 올라오며 '고름투성이 그의 발목, 그리고 그 역한 냄새! 그것이 나의 영혼의 상태는 아닐까?' 생각하였다. 아니 그것은 거듭나지 못한 내 영혼의 무수한 죄의 모습이 분명하였다. 너무도 추한 모습이라 어디에도 내 놓을 수 없어 꼭꼭 가린 채 죽어가는 내 영혼의 모습이었다. 아! 허물이라. 바리새적인 죄인이라.

'예수님께서 오늘 이 자리, 나의 시간 속에 계셨다면 그분은 어찌 이 사람들을 대하셨을까? 어떤 손으로, 어떤 마음으로, 어떤 눈으로 이 버려진 사람들을 사랑하셨을까?'

고민하는 나에게 성령께서는 말씀하신다.

"그리스도의 사람아!
너는 단 한 순간도, 한 때도 소홀함이 없어야 한단다.
예수 그리스도께서 순도 100%의 사랑으로 너를 사랑하심 같이
너도 그렇게 순결함으로 사랑해야 한다.
예수님께서 삶을 채워 가신 그 방식으로 너도 그리 살아야 한다.
네 방법 말고 그리스도의 방법!
이성의 방식 말고 십자가의 방식으로!
네 영광 말고 하나님의 영광!
네 이름 말고 하나님의 이름을 위하여!
어쩌다가 거룩할 것이 아니라 매순간 거룩하여라."

누가 바꾸었을까?

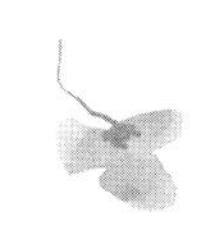

세상 살면서 한 번도 사랑받은 적이 없어 보이는 모습을 한 거리의 사람이 있다. 행동하는 것도, 지니고 있는 행색도 일반 홈리스하고는 다른 사람이다. 더 힘들어 보이고 더 어려워 보이는 사람이다. 다른 역에서 생활하다가 지난겨울 처음 서부역으로 들어왔는데 그의 눈엔 초점이 없다. 다 낡고 역한 냄새 가득한 옷에 어깨를 푹 내려놓고 무엇 하나 얻는 것 없이 불편한 다리로 서부역을 오락가락한다. 마치 무의식의 상태로 살아가는 듯하였다. 몸도 마음도 거지 중의 상거지였다.

그런 그가 줄을 서는 둥 마는 둥 떨리는 손으로 닭고기 감자스프와 빵을 겨우 받아들었다. 그리고는 힘겹게 한 걸음 두 걸음씩 발걸음을 떼어 쇼핑센터 유리벽 쪽으로 걸어갔다. 이번에는 받아 든 음식을 안간힘을 써가며 가까스로 바닥에 내려놓았다. 허리조차 마음대로 구부릴 수 없는 몸을 한 그는 잠시 심호흡을 하더니 음식을 내려놓은 바닥에 앉기를 시도하였다.

'어떻게 저 바닥에 앉을 수 있을까?' 생각하는 동안, 그는 쇼핑센터의 유리 벽면에 등을 기대고 서서는 미끄럼을 타듯이 쿵하고 주저앉았다. 이제 겨우 음식 앞에 마주앉은 그는 뜨거운 음식이 식기를 기다리고 있었다. 그런데 멀리서 보니 주저앉아 있는 그의 발바닥이 심상치 않아 보였다. 다가가서 "발이 왜 그렇습니까?"라고 묻자 그는 주저 없이 신발 아닌 신발을 벗었다. 누더기가 다 되어버린, 구멍이 이곳저곳 나서 발바닥과 땅이 하나가 되어버린 신발이었다.

그가 나에게 내어 보인 발은 잔뜩 거칠고 굳어져 마치 짐승의 발 같았다. 더구나 발바닥은 깊은 상처로 이곳저곳 곪고, 상하여 처참하기까지 하였다. 마치 그의 삶, 그의 생활과도 같은 모습이었다.

구멍 난 발, 구멍 난 삶, 병든 발, 병든 인생이었다. 그 발을 보는 순간 나는 나도 모르게 그의 발을 붙잡고 하나님께 기도하였다. 과거에도 살아계셨고 현재에도 살아계시며 미래에도 살아계실 영원, 영존하신 하나님! 아브라함의 하나님도 되시고 이삭의 하나님도 되시고 나의 하나님도 되신 사랑이신 그분께 기도하였다.

"하나님, 이 사람의 발을 고쳐 주옵소서. 모든 것이 가능하신 하나님, 불쌍히 여기사 깨끗케 하여 주옵소서. 자비와 은혜를 내려주옵소서. 당신은 우리의 모든 소망이십니다. 전부이십니다. 생명의 손길을 비추시사 치료하여 주옵소서. … 예수 그리스도의 이름으로 기도드리옵나이다. 아멘!" 하자 그도 힘찬 소리로 "아멘"을 하였다. 참으로 놀라운 일이었다. 거지 중의 상거지였던 그가 응답할 언어라고는 전혀 생각지 못했던 언어였다. "아멘" 아주 힘찬 소리로 "아멘!"

기도를 마치고 나서 그의 얼굴을 본 나는 다시 한 번 놀라지 않을 수 없었다. 왜냐하면 그의 얼굴이 전혀 다른 사람처럼 변했기 때문이었다. 몇 분도 채 안 되는 순간에, 기도하는 순간에 이루어진 믿지 못 할 놀라운 변화였다. 한 번도 웃어본 적이 없어 보이던 그의 얼굴에서, 한 번도 행복함을 맛보지 못 했던 것 같은 그의 모습에서, 한 걸음 두 걸음 무의식의 상태에서 거친 거리를 걷던 그의 사막 같은 모습에서, 감격에 겨운, 감동에 못이긴 웃음이, 행복이 배어 나왔다. 조금 전까지만 해도 초점 없던 그의 눈에서 또렷한 빛이 새어 나왔다. 메말라 있던 그의 얼굴에서 새싹 같은 생기가 돋아나왔다. 기도하는 그 순간에 성령의 넘치는 기쁨이, 제어할 수 없이 밀려오는 성령의 빛이 그 시간 그의 영혼을 지배해 버린 것이었다. 마치 혼돈하고 공허하며 흑암이 가득하던 곳에 하나님의 영이 임하셨을 때 모든 것이 새롭게 되었던 것처럼 말이다.

기도를 마치고 난 그는 자신의 믿음을 이렇게 고백하였다. "하나님께서 나를 고쳐 줄 것입니다. 나는 그것을 믿습니다. 할렐루야!"

'짐승 같은 발, 더럽고 냄새가 가득한 발, 상처로 곪고 패여 있던 자신의 발바닥을 누가 붙들고 기도해 주리라고 상상이나 했겠는가? 내보이기조차 부끄러웠을 그 발을 누가 붙들고 기도해 주리라고 꿈이라도 꾸었을까?

그는 그리스도의 사랑, 성령의 사랑하심에 완전히 녹아버린 것이었다. 그리고 희미하게 가지고 있던 믿음마저 회복하였던 것이다. 나는 이제 다시 한 번 생각해 본다. '한 번도 웃어본 적이 없어 보이던 그 얼굴, 한 번도 사랑받아 본 일이 없어 보이던 그 모습을 누가 그토록 환하고 빛난 모습으로 바꾸어 놓았을까?' 하고 말이다.

예수 그리스도의 십자가의 사랑! 성령의 감동하심! 여기에 용해되지 못 할 것은 없다. 구멍 난 발, 구멍 난 삶, 병든 발, 병든 인생도 단 한 번도 웃어본 적이 없는 무쇠보다 더 단단한 심령도, 단 한 번도 행복함을 맛보지 못한 목석같은 죽어버린 마음도, 성령에 인도된 그리스도를 품은 사랑 앞에서는 찰나적으로 용해되어 버리고 마는 것이다.

오늘날 우리 삶의 주위에는 어떤 사람들이 살고 있는가? 서울의 한복판이든 부다페스트의 번화가든 뉴욕의 58번가든 파리의 에펠탑 옆이든 세상 그 어디에서든지 세상으로부터 구멍 나고 상처 나고 버림받은 영혼들이 사랑을 찾아 방황하고 있는 모습들을 언제나 쉽게 만날 수 있다.

그들은 지쳐 있고 고단하다. 그래서 안식할 곳을 찾아 헤매고 있다. 아니 세상의 시련으로 인해 무너져 아예 일어설 기운조차 없다. 지구촌 여기저기에서 고단한 삶의 탄식소리들이 쉬지 않고 들려온다.

이 탄식, 이 아픔, 이 슬픔을 누가 위로해 줄 수 있을까? 예수 그리스도를 먼저 깨달은 우리가 구멍 난 그들을 품어 주어야 하지 않겠는가? 말만 무성한 사랑이 아닌 몸으로 나누는 사랑으로 그들을 위로해 주어야 되지 않겠는가? 사도 바울 선생이 말한 것처럼 하나님 나라는 말에 있지 않고 성령에 사로잡힌 사람들의 조건 없는 행함, 제한 없는 실천에 있으니 우리가 오늘의 예수로 살아야 하지 않겠는가?

예수 그리스도께서 보여 주신 사랑이 어떠하였는가? 발로 직접 뛰신 사랑이며 몸으로 직접 나누신 풍성한 사랑이 아니셨던가?

요한일서 3장에서는 우리에게 이렇게 말씀하고 있다.

"자녀들아 우리가 말과 혀로만 사랑하지 말고 오직 행함과 진실함으로 하자. … 그의 계명은 이것이니 곧 그 아들 예수 그리스도의 이름을 믿고 그가 우리에게 주신 계명대로 서로 사랑할 것이니라."

목사의 행복

목사로서 가슴이 뻐근할 정도의 뿌듯한 보람과 고즈넉한 행복을 느낄 때가 있다. 그것은 성도들로부터 값진 선물을 받을 때가 아니다. 고급 음식점에서 남들이 쉽게 먹어보지 못하는 맛깔스런 음식을 대접 받을 때도 아니다. "목사님! 오늘 말씀이 너무 은혜로웠습니다."라고 하는 칭찬을 들을 때도 아니다.

목사의 보람과 행복은 다름 아닌 성도들이 성숙하고 성장해 가는 모습을 볼 때다. 그들의 삶에서 예수님의 말씀의 빛이 차곡차곡 실현되어 감을 보는 것이다.

선을 행하되 오른손이 하는 것을 왼손이 알지 못하도록 남모르게 행하는 모습을 볼 때, 자신의 것을 쪼개어 나누어 주고도 "별 것 아닌 데요." 하며 쑥스러워하는 모습을 볼 때, 막무가내로 겉옷을 달라 하는 사람들에게 자신의 속옷까지 내어주는 모습을 볼 때, 자신도 입을 옷이 변변히 없지만 그 옷마저도 추위에 떨고 있는 사람들에게 기꺼이 벗어주고 그들에게 "하나님은 당신을 사랑합니다." 하며 등 두드려주고 가는 모습을 볼 때, 신체적이든 물질적이든 감당하기 어려운 일이지만 순종의 믿음을 넘어서서 복종하는 믿음으로 기꺼이 수고하는 모습을 볼 때, 오리를 가자고 하는 사람에게 십리까지도 동행하여 주는 모습을 볼 때, 하나님의 약속을 의심치 않고 믿음에 견고하여져서 환난 중에서도 인내하며 낙심할 일에도 즐거워하는 모습을 볼 때, 땅 끝까지 이르러 내 증인이 되라 말씀하심에 순종해서 체면 불구, 안면 몰수, 이웃에게 복음 전하는 모습을 볼 때 목사인 나는 정말 행복하다.

"내가 살아도 주를 위하여 살고, 죽어도 주를 위하여 죽나니 그러므로 사나 죽으나 내가 주의 것이로라." 하며 교회의 이런저런 일, 크고 작은 일에 오직 충성하는 모습을 볼 때, 자신의 것을 자신의 것이라 주장하지 않고 오직 청지기적 삶을 실천하는 모습을 볼 때, 별과 별의 영광이 다르고 해와 달의 영광이 다름을 알고 가장 빛나고 영광된 자리에 오르고자 하는 거룩한 욕심과 열정을 품고 믿음 소망 사랑을 실천해 가는 모습을 볼 때…. 다시 말하지만 나는 그러한 멋지고 아름다운 모습을 보는 그때가 제일 보람되고 행복하다. 하나님의 행복은 어디에 있을까? 하나님을 실컷 웃게 해 드릴 수 있는 비결은 무엇일까?

내가 성도들로부터 행복을 선물로 받는 것처럼 나도 하나님께 행복을 안겨드리고 싶다. 내가 성도들의 햇살 같은 삶의 모습을 보면서 미소 짓듯이 나도 하나님께 햇살보다 더 빛난 삶으로 웃음을 선물해 드리고 싶다. 나도 하나님을 양 볼이 빼근하실 때까지 미소 지으시게 하고 싶다.

부인이 세 번째인데…

2004년 10월 22일 이른 저녁, 차와 사과와 장갑을 들고 서부역에 갔습니다. 손길 닿지 않는 사람들, 누구도 거들떠보지 않는 버려진 것 같은 사람들…, 그들에게도 하나님의 사랑의 복음, 구원의 복음이 필요하기에 한 사람 한 사람 만나며 지난주 설교를 복사한 종이를 건네주면서 함께 읽고 그리고 하나님이, 예수 그리스도의 십자가가 이렇다고 설명하여 주었습니다.

그런데 처음 보는 할머니가 있었습니다. "언제 이곳으로 오셨어요?" 물으니 이제 3일 되었다고 합니다. "그러면 이곳에 오시기 전에는 어디 계셨느냐?"고 하니 "8구역에 집이 있었는데 3일 전에 아들이 집을 팔았습니다. 나도 나이가 들었지만 내 어머니가 돌아가시자 아들이 내 명의로 된 집을 팔아넘겨 할 수 없이 이렇게 나오게 되었습니다."라고 합니다. "아들이 함께 살자고 하지 않습니까?"라고 물으니 억지로 참았던 눈물을 뚝뚝 흘립니다. 그러면서 "아들의 지금 부인이 세 번째인데…." 하시고는 말을 잇지 못합니다. "다른 자녀는 없습니까?" 물으니 "딸이 있는데 딸은 시아버지와 함께 살기 때문에 나와 함께 살기에는 불가능하고….” 하며 흐르는 눈물을 닦아내었습니다.

오늘 우리가 살아가는 시대가 이렇습니다. 뭐라 덧붙일 수 없고 말할 수조차 없는 참혹한 시대입니다. 양말도 없이 다 구멍 난 얇은 검정색 스타킹을 신고 맨발로 잠자리를 다듬는 할머니의 발이 더욱 외롭게 보였습니다. 다음번에 나올 때는 양말 몇 켤레 사오리라 마음먹고 주님 앞에 또다시 기도하며 무거운 걸음을 옮겼습니다.

2004년 11월의 기도편지 중에서

"신 어띠여, 따뜻한 바지 생기면 나에게 꼭 줘. 스웨터 생겨도 나에게 먼저 줘. 신발도 나에게 제일 먼저 줘야 돼." 부탁하던 그에게 나는 여러 번 그렇게 하겠다고 약속했지만 별로 그 약속을 지키지 못한 것 같다. 그가 떠나고 나니 아직 다 이루어 주지 못한 약속이 많이 남아 내 가슴을 아프게 하였다. … 그러기에 사랑은 미루는 것이 아니다.

칠러그 호텔

2004년 5월 5일, 오늘은 결혼기념일이다.

대학 1학년 때 만나 지금까지 이 일 저 일로, 친구로 동역자로, 이 모양 저 모양으로 함께 웃고 울고 참 많은 세월이 흘렀다. 그리고 오늘까지 오는 동안 적지 않은 고생을 시킨 것 같아 마음이 편하지 않다.

안락한 생활과 세상 환경을 뒤로 하고 헝가리에 선교사로 나와서 한겨울 추위에도, 한여름 더위에도 눈보라와 비바람 마다하지 않고 시린 손 비벼가면서 사역을 일구어 가는 아내가 대견할 뿐이다.

"거리에서 그런 일을 어떻게 해! 한두 번도 아니고! 나 같으면 할 수 없어!"라는 남들의 말을 숱하게 들으면서도 예수 그리스도의 말씀을, 하나님의 뜻을 자신의 양식으로 삼아 가난한 사람들, 소외되고 버림받아 조각난 가슴 붙들고 사는 사람들에게 작은 것 하나라도 더 나누려고 애쓰는 아내가 참 아름답고 고맙다.

특별히 오늘, 결혼기념일인데도 무엇 하나 요구하는 것 없이 남편목사 서부역 나가는 일에 빵과 과일차를 정성으로 준비해 주는 아내가 고맙다 못해 무섭다. 그리고 나는 그 고맙고 무서운 아내가 마련해 놓은 빵과 차를 들고 서부역으로 갔다.

지하광장에 들어서서 보니 왠지 썰렁한 느낌이 들었다. 역 주변이 더러워지고 관광객들에게 그리 좋은 인상을 주지 못한다는 이유로 시립요원들이 노숙자들을 역에서 다 내쫓았기 때문이다. 관광객이 별로 없는 추운 계절에는 그런 대로 방치하며 놔두다가 날이 따뜻해지는 관광철만 되면 여지없이 몰아내는 것이다.

어찌 되었든 겨우내 쌓여 있던 낡은 매트리스를 세 겹으로 올려놓은 특실 침대도 없어졌고, 한쪽에 종이 박스로 침대 삼아 자는 일명 여인숙 잠자리도 보이지 않았다.

그러나 십 수 년씩 그곳에 둥지를 틀고 살던 그 외로운 사람들은 아무리 경찰들이 와서 막고 시립요원들이 난리를 쳐도 서부역을 쉽게 떠날 수 없다. 그들은 여전히 그 자리를 굳세게 지키고 있다. 왜냐하면 그곳은 자신들의 전부기 때문이다. 세상은 자신들을 버렸고 상처 주고 실패하게 했지만 서부역이라는 공간만은 유일하게 자신들을 품어 주었기 때문이다.

도착하여 잠시 있으니 사람들이 모여들었다. 둘러선 그들에게 빵과 차를 나누며 물었다.

"피터! 당신은 오늘 어디서 잘 거요?"

"나는 저쪽 공중전화 부스에서…."

"나는 이쪽 매표소 기둥에서…."

모여 섰던 사람들이 너도나도 자신의 잠자리를 이야기한다.

또 다른 사람에게 물었다.

"그러면 러이오쉬! 당신도 여기에서 함께 잘 겁니까?"

"아니오! 나는 호텔에서 잘 겁니다."

"잉! 무슨 호텔?"

어리둥절해하는 나에게 러이오쉬는 넉살스럽게 대답했다.

"칠러그 호텔이요.(한국말로 '별' 호텔)"

벤치에 누워 하늘의 별들을 헤아리며 자겠다는 것이다. 나는 비록 딱딱하고 볼품없는 거친 의자에서 잠을 자겠지만 나의 삶과 정신만은 별과 같다는 의미다.

"오늘은 별이 안 보이는데 무슨 별 호텔이야!"라고 내가 말하자

"신 빠스또르, 저기 하나 있잖아!"라고 대답하며 내가 미처 보지 못했던 별을 가리켰다.

그가 손가락으로 가리킨 곳을 돌아보니 그곳엔 정말 별이 빛나고 있었다. 그것도 거침없이 초롱초롱 어두움을 밝히고 있었다.

거리생활, 노숙자의 삶이 비참한 것이 아니라 자신이 예수님으로 인하여 더 이상 완전함이 없는 하늘나라의 상속자라는 사실을 모르

고 사는 노숙자적인 정신이 비참한 것은 아닐까?

빈 주머니 차고 마른 빵, 거친 음식을 먹는 것이 불쌍하고 안된 것이 아니라 두툼한 돈주머니를 차고도 여전히 '오늘은 무엇을 먹을까, 무엇을 마실까?' 근심에 싸여 자유와 여유 없이 살아가는 것이 불쌍하고 측은한 삶이 아닐까?

진짜로 불행한 것은 가난한 생활이 아니라 가난뱅이정신이요 삶의 뜻, 하나님의 뜻을 잃어버린 채 사는 것은 아닐까?

예수님께서는 누가복음 12장 15절에서 이렇게 말씀하셨다.

"삼가 모든 탐심을 물리치라. 사람의 생명이 그 소유의 넉넉한 데 있지 아니하니라."

검은 눈물

2004년 3월 9일, 키가 크고 날씬하게 생긴 40대 초반의 여성이 가던 걸음을 멈추고 찬양을 듣고 있었다. 한참을 진지하게 찬양을 듣고 있는 그 여성에게 현지인 성도 기젤러가 다가가서 다정하게 전도지를 건네는 모습이 찬양을 부르던 나의 눈에 들어왔다.

그러나 그 여성은 조금 전의 찬양을 듣던 자세와는 다르게 매우 딱딱하고 굳은 표정의 얼굴로, 아니 교만스럽게 전도지를 거절하였다. 그러니 다정스레 전도지를 건네던 우리 성도는 무안하여 어쩔 줄 몰라 할 수밖에…. '나는 이 따위는 필요 없어! 당신이나 읽어! 내가 나의 주인이야!' 하는 표정이었다.

찬양을 부르며 그 모습을 지켜보던 나는 그냥 그대로 있을 수 없었다. '아니, 하나님의 복음을, 왕의 복음, 생명의 복음을 거절해?'

나는 마치 성령의 화살이 된 것처럼 그 여성에게로 달려가지 않을 수 없었다. 그리고 "예수 믿으세요. 예수님은 우리 인생들에게 길이요, 진리요, 생명입니다."라고 말하며 전도지를 다시 건네주었다.

그녀는 역시 냉담한 표정으로 거절하였다. 그러면서 "나는 당신의 노랫소리 때문에 여기에 서 있는 것입니다. 당신의 노랫소리 하나면 충분합니다. 내게는 그 이상의 것은 필요 없습니다. 하나님 따위 필요 없습니다."라고 말하는 것이 아닌가?

그 여성의 얼굴은 온갖 색조화장품을 동원해서 있는 대로 멋을 다 내었다. 그렇다고 천박한 멋은 아니었다. 머리에는 전형적인 유럽형 모자를 눌러써서 그 외적인 멋스러움이 더했다. 화장과 옷차림이 보통 솜씨가 아니어 귀부인 티가 났다. 게다가 향수를 얼마나 뿌렸는지 방금 향수병에서 건져낸 듯하였다. 얼굴에서나 외모에서나 세상의 근심, 걱정의 모습은 전혀 찾아 볼 수 없었다. 누가 그의 외모를 보고 세상의 근심을 말할 수 있겠는가?

전도지를 매몰차게 거절하는 그 여성에게 한 걸음 더 가까이 다가가 말을 건네었다. "당신이 젊었을 적에는 정말 예뻤겠습니다. 지금도 이렇게 멋있으니 말입니다. 당신은 하나님께 참으로 귀한 선물을 받았습니다. 이렇게 아름다운 얼굴을 가졌으니 말입니다. 내가 헝가리에 있는 동안 이렇게 멋있는 사람은 처음 만났습니다. 이런 아름다움을 주신 하나님께 당신은 감사를 드려야 할 것입니다."라고 말을 건네자 그 여성은 갑작스런 칭찬에 "고맙습니다. 정말이지 젊었을 적엔 내가 생각해도 나는 정말 예뻤습니다."라고 대답하며 자신의 외모에 자랑스러운 듯한 표정을 지었다.

그런 그녀에게 나는 계속해서 말을 이어 갔다. "그런데 당신의 모습이 이렇게 아름다운 것처럼 이제까지 당신의 삶도 아름답겠지요? 이제까지 당신의 삶이 어떠했습니까? 아름다운 삶이었습니까? 그 아름다웠던 당신의 삶에 대해 조금만이라도 말해 줄 수 있겠습니까?"

나의 이 물음, 아니 성령께서 말하게 하여 주신 그 물음에 여성의 얼굴색은 변해 갔다. 그리고는 금세 눈에 눈물이 고이면서 흐느껴 울기 시작했다. 나는 누가 그 여성을 눈물의 바다로 이끌고 가는지 알 수 있었다.

"사실 나는 굉장히 불행한 사람입니다. 내 삶은 많은 굴곡이 있었습니다. 젊었을 때부터 지금까지 내 삶은 불행의 연속, 곤고한 여정이었습니다. 나는 진실한 사랑을 하려 하였지만 세상 사람은 누구 하나 나를 진실하게 사랑하지 않았습니다. 사람들은 나를 이용만 하였습니다. 사람들에게 이용당하고 버림받을 때마다 나는 하나님을 만나려 했지만 그러지 못했습니다. 깨끗하고 바르게, 순결하고 진실되게 살고 싶었지만 세상이 나를 그렇게 놔두지 않았습니다. 마음으로는 매일 하나님을 찾았지만 삶의 현실은 하나님과 점점 더 멀어져 갔습니다. 나는 정말이지 하나님이 필요합니다. 나는 정말이지 새로운 삶이 필요합니다."

그 여인은 눈물을 닦고 또 닦으며 자신의 지나온 삶의 여정! 그간 마음에 깊이깊이 묻어 두었던 삶의 책장을 뒤로 뒤로 넘겼다.

"그렇습니다. 당신은 아직 늦지 않았습니다. 지금이라도 하나님을 만나면 됩니다. 예수 그리스도는 당신의 모든 문제를 해결해 주실 유일한 분이십니다. 그분은 절망 중의 모든 사람에게 소망이십니다. 예수 그리스도께서 지금도 당신을 부르고 계십니다. 세상은 당신을 다 이용하고 버려도 예수님은 끝까지 당신을 사랑하십니다. 세상 끝 날까지 당신을 사랑하십니다. 그분이 오늘도 두 팔 벌려 당신을 기다리고 계십니다. 세상이 언제 당신에게 위로를 줍니까? 세상이 언제 당신에게 포근함을 줍니까? 세상은 언제나 당신이 말한 것처럼 당신을 속이고 상처 나게 하지 않았습니까? 그러나 예수님은 당신을 기다리고 있습니다."

이런 위로와 권면의 말을 듣는 동안 그토록 아름답고 우아하게 멋을 내었던 그 여성의 외모는 일순간에 모두 변해 버렸다. 눈에 칠했던 검은 마스카라 때문에 양 볼에서는 검은 눈물이 흘러내렸다. 주-욱 흘러내리는 검은 눈물, 그것은 세상에서 상처받고 방황하는 그녀의 영혼의 모습이었다. 검은 눈물, 그것은 그녀가 그토록 숨기고 싶어 하는 자신의 내면의 오염된 실상이었다.

새까만 눈물이 화장과 범벅이 되었다. 조금 전의 그 멋스러움, 그 아름다움은 온데간데없이 사라져 버렸다. 그 유혹적인 향수 냄새도 더 이상 진동하지 않았다. 다만 세상에서 버림받고 병들고 상처 난한 영혼의 볼품없는 모습만이 그 화려했던 자리를 대신하였다. 화려한 옷은 벗겨지고 발바닥에서 머리까지 성한 곳 하나 없이 세상으로부터 상한 것과 터진 것과 새로 맞은 흔적만이 드러났다. 아름답고 멋있는 외모 뒤에 감추어진 상처 난 심령! 화장품에 의해 가려진 구멍 난 영혼! 향수 냄새에 의해 숨겨진 병든 마음이 하나님 앞에서 여지없이 벌거벗겨지고 말았다. 너무도 초라한 모습, 애처롭고 가련한 모습이었다. 아! 황무한 영혼이여!

그 여인은 한참 후에야 마음이 진정되었고 매몰차게 거부하였던 전도지를 스스로 구하며 "내가 잘 읽어보고 꼭 교회에 가겠습니다." 라고 하며 검은 눈물자국이 가득한 얼굴로 한 걸음 두 걸음 사라져 갔다.

나는 저만치 사라져 가는 벌거벗겨진 그 영혼을 보면서 이렇게 마음으로 기도하며 소망하였다.

"예수 그리스도만이 모든 것의 열쇠인데
길 가운데 길이신데
어루만지시며
싸매시며 기름으로 유하게 하실 분
예수!
새로운 빛난 옷을 입혀 주실 분!
오늘 만난 이 하나님을 영원히 붙들길 소망하노라!

지금 만난 그리스도 붙들고 남은 인생 끝까지 달려가시오.
거친 세상에서 실패하거든
주님이신 그리스도의 못 자국 난 손을 붙드시오.
조금 더 나아가면 다른 행복을 얻을 거야 하며
거친 세파를 향해 또 나아가다가
더 큰 슬픔을 만나기 전에 그리스도께로 돌아오시오.
세상은 언제나 당신을 교묘하게 속이고 있다오.
이번에는 반드시 잘 될 것이라며
한 번만 더 해보라고 거짓으로 유혹하고 있소.
염려하지 말고 나만 따라오라고
나만 따라오면 행복할 것이라고 손짓하고 있소.
그러나 그리스도 없는 인생 항해의 결과는 파선이라오.
예수 그리스도 없는 삶은 허무와 눈물, 좌절과 미움만을 낳는다오.
사단이 비웃고 조롱하며 거짓으로 인도하여 가는 길에서
이젠 돌아오시오.
세상 속에 살다가 또다시 검은 눈물 흘리지 말고
더욱 깊은 상처와 아픔을 겪지 말고
예수 그리스도로부터 흐르는
기쁨의 강수를 마시는 삶을 살아가시오."

조각치즈와 늙은 어머니

2003년 8월 7일에 있었던 일이다. 저녁 무렵 뉴거띠 서부역에 나갔다. 도넛과 바나나를 들고서 말이다. 제일 먼저 젊은 아들(39세)과 늙은 어머니(62세)가 함께 거리생활을 하는 곳으로 갔다. 그 아주머니가 제일 좋아하는 것이 바나나기 때문이다.

그런데 그곳에 도착하니 아주머니의 아들은 배가 아프다고 누워서 고통을 호소하고 있었다.

"어디가 그렇게 아픕니까?" 물었더니

"나흘 전부터 배가 이렇게 아프다."라고 늙은 어머니가 대신 대답을 하였다.

"그러면 구급대를 불러야지 이러고 있으면 되나요?"라고 하자

"거리사람들에게는 구급대원이 오지 않아요."라고 어머니가 누

워 있는 아들을 안쓰럽게 바라보며 대답한다.

"그래요? 그런 법이 어디 있습니까?" 하며 가까운 공중전화기로 가서 나는 구급대에 전화를 걸었다.

"헬로! 나는 한국에서 온 신 목사라는 사람입니다. 여기 서부역인데요. 지금 한 사람이 배가 아파서 곧 죽게 생겼습니다. 좀 도와줘야겠습니다. 심각합니다."라고 했더니 그 전화 받는 쪽에서 "그 아픈 사람이 노숙자입니까?"라고 묻는 것이었다. 그러더니 그는 "노숙자에게는 구급대원이 가지 않습니다."라고 대답하는 것이 아닌가.

"그런 법이 어디 있습니까? 사람이 아파서 죽을 지경인데 이 사람 저 사람 가리면 안 되지요. 달려와야지. 사람 목숨 놓고 홈리스와 일반인을 가립니까?" 했더니 그쪽에서 일방적으로 전화를 끊어버렸다.

'이 사람 좀 보게 '辛라면 辛자'를 쓰는 신 목사를 몰라보네! 내가 얼마나 매운 사람인지 모르고 까불고 있네 그려.'

나는 다시 전화를 걸었다. 그러자 이번에는 다른 사람이 전화를 받았다. 그에게 나는 다시 자초지종을 이야기하였고, 그는 "구급대에 연락해서 곧 보내도록 하겠다."고 하며 전화를 끊었다.

전화를 끊고 나는 뭔가 이루었다는 자신감으로 다시 그 늙은 어머니와 젊은 아들에게로 돌아왔다. 그리고는 "구급대가 조금 있으면 올 거니까 조금만 참아라." 했더니 젊은 아들은 고마워하기는커녕 “나는 병원에 안 간다.”고 하며 나에게는 화를 못 내고 애꿎은 자신의 늙은 어머니한테 화를 내는 것이다. “왜 구급대를 오도록 하게 하느냐? 왜 신 빠쓰또르에게 말했느냐!” 하면서 말이다. 그런 그에게 늙은 어머니는 말 없이 한숨만 내쉬었다.

한숨 내쉬는 아주머니를 뒤로 하고 나는 젊은 아들에게 “너 이대로 있으면 죽는다. 죽으면 얼마나 후회스러운 것이 많으냐? 너 이렇게 끝내고 싶으냐? 어머니에게 효도는 못 할망정 먼저 죽으면 되겠냐? 병원에 가서 건강을 회복하고 그리고 직장도 얻고 행복한 삶, 멋있는 삶 살아야지!” 했더니 젊은 아들은 눈물만 글썽글썽, 마음이 약해져 운다.

그 한스러운 눈물을 바라보던 중에 나의 두 눈은 그 젊은 아들의 턱수염에 고정되었다. 손질도 못한 그 덥수룩한 턱수염 사이로 뭔가 움직이고 있었다. 뭔가 하고 자세히 보니 젊은 아들의 턱수염은 그야말로 이름을 알 수 없는 수많은 작은 벌레들의 놀이터였다. ‘혹 머리는 어떤가?’ 하고 봤더니 똑같은 벌레들이 셀 수도 없이 새까맣게 끼어 스멀스멀 기어 다니고 있는 것이 아닌가?

‘이것이 벌레들 속에 머리가 달라붙어 있는 것이지, 어찌 사람머리냐!’ 기도가 저절로 나왔다.

그러기를 잠시, 젊은 아들의 상태가 일시적으로 통증이 진정되는 듯하였다. 그러자 젊은 아들은 자신의 늙은 어머니한테 “먹을 것을 좀 달라.”고 하였다. 그의 어머니는 한쪽으로 챙겨 놓았던 여러 개의 보따리 가운데 가장 정성들여 포장해 놓은 보따리 속을 깊이 헤집어 고이고이 넣어 두었던 무언가를 꺼내려고 하였다.

애써서 무언가를 꺼내는 그 어머니의 모습을 보면서 나는 몹시 궁금해졌다. '무엇일까? 무엇을 저리도 깊이 묻어 두었을까? 얼마나 귀한 것이기에…!'

자신은 안 먹더라도 아들에게만은 주리라 생각하며 깊이 숨겨 놓았던 것을 꺼내기 위해 보따리 속을 헤집고 있는 늙어서 주름만 가득한 볼품없는 그 어머니의 손! 그 손을 보는 순간 내 마음에는 뜨거운 감동이 물밀듯 밀려왔다. 내 어머니도 그렇게 나를 돌보셨기 때문이었다. 오직 사랑의 손으로, 오직 희생의 손으로, 그리고 기도의 손으로…. 사랑이어라! 사랑이어라! 다함이 없는 사랑이어라!

드디어 늙은 어머니가 꺼내 든 것은 그리 특별한 것도 아닌, 둥그런 통 안에 여러 개가 들어 있는 조각치즈였다.

'조각치즈' 일반사람들은 마음만 먹으면 얼마든지 사먹을 수 있는 것이지만 거리생활을 하는 사람들에게 있어서 그 조각치즈는 최고의 비상식량이었던 것이다. 그것을 당신은 입에 대어보지도 않고 자식을 위해 깊이 숨겨둔 것이었다.

늙은 어머니는 둥근 뚜껑을 열어 하나를 집고서 그 껍질을 까려고 하였다. 그러나 마음 따로 손 따로였다. 나이 들고 보니 눈도 어둡고, 손의 감각도 무뎌져서 껍질을 쉽게 까지 못하였다. 보다 못한 내가 그 조각치즈를 까서 젊은 아들에게 건네주었다. 하나 입에 넣고 다 먹을 즈음 늙은 어머니가 다시 아들에게 물었다. "하나 더 줄까?" 하니 젊은 아들은 머리를 저으며 "됐다"고 하였다.

자신이 할 수 있는 최고의 것으로 아들을 사랑해가는 어미! 자신의 몸을 제물 삼아 사람들을 사랑하신 예수 그리스도! 그날 그들의 모습에서 왜 그리도 하나님의 사랑이 가슴 저리게 다가오는지….

우리가 사는 세상은 한 세대는 가고 또 다른 한 세대가 오는 변화 가운데 있다. 모든 세상 만물은 변한다. 잠시도 머물러 있는 것이 없다. 그러나 우리를 향한 하나님의 사랑은 어떤가? 변함이 없다. 아니 매 순간 더 새롭다. 영원불변, 영원불멸, 다함이 없는 사랑이다.

해는 동에서 떴다가 다시 서쪽으로 지고 바람은 남으로 불다가 북으로 돌이키는 임시적이요 일시적이지만 우리를 향한 하나님의 사랑은 언제나 고정적이요 항구적이다.

세상의 모든 강물이 다 바다로 흐르고 있다. 그러나 아무리 억수의 강물이 바다로 흘러들어도 그 바다를 채우지 못한다. 어림도 없는 일이다. 그러나 우리를 향한 하나님의 사랑은 바다를 채우고도 남아 천하를 덮고 우주를 넘는 사랑이다. 해 아래는 새로운 것이 없고 모든 것이 하루하루 날마다 낡아져가지만 우리를 향한 하나님의 사랑은 날마다 새롭고 더욱 새롭다.

우리를 향한 그 끝없는 하나님의 사랑의 절정은 독생자 아들 예수 그리스도다. 예수 그리스도의 십자가다. 예수 그리스도를 깊이 읽고 바라보면 우리는 나의 가치를 깨닫게 된다. 십자가를 바라보면 우리를 향한 하나님의 사랑의 깊이를 알게 된다.

십자가는 우리를 향한 하나님의 사랑의 최고의 확증이요, 유산이기 때문이다. 그러기에 나의 가치, 그리스도인의 가치는 십자가며 하나님의 사랑인 것이다. 하나님과 나, 그것은 십자가로 대변되는 신비한 사랑의 관계 속에 있다. 세상의 그 어느 것도 하나님의 이 신비한 사랑을 넘어서지 못한다. 세상 그 어떤 힘으로도 이 사랑을 막을 수 없고 끊을 수도 없다.

그래서 로마서 8장 35절에서 사도 바울은 그 사랑에 대하여 다음과 같이 증언하고 있는 것이다.

"누가 우리를 그리스도의 사랑에서 끊으리요. 환난이나 곤고나 핍박이나 기근이나 적신이나 위험이나 칼이랴."

따뜻한 바지 생기면

현지인 께젤렘교회의 금요일 성경공부를 인도하고 아내가 준비해 준 뜨거운 과일차와 약간의 빵을 마련해서 서부역에 갔다. 서부역 거리의 사람들은 나를 '신 어띠여(신 아버지)' 라고 부른다. 하나님으로부터 받은 것을 그저 조금 나눌 뿐인데 나를 그렇게 불러 주며 의지하는 그들이 참 고맙다.

한 사람 두 사람에게 평소 하던 대로 차를 나누고 빵을 나누고 이런저런 이야기를 나눌 때 몇몇 사람들이 슬프고 가슴 아픈 말을 전해 주었다.

"신 어띠여, 알고 있나요? 오늘 새벽에 졸리가 추위에 그만 얼어 죽었습니다. 계단에서 그 오래된 안경을 늘어뜨린 채로, 꼬부리고 앉아서 벽에 기댄 채로, 내가 보니 너무 처량한 모습이었어. 애처로운 모습으로 가버렸어. 어떻게 그렇게 갈 수 있지?"

옆에 있던 다른 사람들도 이렇게 거들며 졸리가 마지막으로 남기고 간 모습을 이야기하며 다함께 가슴 아파 하였다.

나만 보면 두 주먹을 불끈 쥐고는 권투하자며 장난을 걸던 그 웃음 많던 졸리, 그럴 때마다 "목사에게 권투하자고 까불면 하나님이 혼내시지."라고 하면 "잘못했다."고 넉살부리며 웃던 그였다. 또 같은 거리의 삶을 살아가는 사람들에게 철없는 짓을 많이 하곤 했지만 타고난 낙천적인 마음과 넉넉한 웃음으로 행복을 나누어 주던 졸리였다.

환경을 넘어선 웃음이 그에게 있었는데 그의 임종 소식을 듣자 그의 웃음을 다시는 보지 못한다는 안타까움이 가슴속 가득 밀려왔다. 그 티 없는 감사의 모습을 다시 보지 못함이 참으로 섭섭하였다.

그렇게 웃음 많던 졸리가 그곳, 빈들의 삶을 살아가는 사람들에게 평소의 삶 같지 않게 아픔을 주고 가버렸다. 사계절 쉬지 않고 가슴에 찬바람 부는 사람들에게 더 큰 바람 자락을 남기고 가버렸다. 그리고 나에게도 그 바람은 예외가 아니었다.

"신 어띠여, 따뜻한 바지 생기면 나에게 꼭 줘. 스웨터 생겨도 나에게 먼저 줘. 신발도 나에게 제일 먼저 줘야 돼."

부탁하던 그에게 나는 여러 번 그렇게 하겠다고 약속했지만 별로 그 약속을 지키지 못한 것 같다. 물론 최선을 다해 조금이라도 더 돕고자 하였지만 그가 떠나고 나니 아직 다 이루어 주지 못한 약속이 많이 남아 내 가슴을 아프게 하였다.

전도서 3장 6~7절에 이런 말씀이 기록되어 있다.

"찾을 때가 있고 잃을 때가 있으며 지킬 때가 있고 버릴 때가 있으며 찢을 때가 있고 꿰맬 때가 있으며 잠잠할 때가 있고 말할 때가 있으며."

그렇다. 세상의 모든 것에는 때가 있다. 모든 범사에 기한이 있다. 그 기한이라고 하는 때는 내가 임의로 늘리거나 줄일 수 있는 것이 아니다. 잡고 싶다고 잡아지는 것도 아니고, 가고 싶다고 갈 수 있는 것도 아니다. 우주와 삼라만상을 다스리시는 하나님의 손에 그 기한이 달려 있다.

그런데 아쉽게도 우리 사람들은 마치 자신이 그 기한을 조절할 수 있는 능력자인 것처럼 생각하며 살아간다. 그러나 인류역사가 시작된 뒤로 시간을 정복한 사람이 어디 단 한 사람이라도 있었는가? 자기 것인 줄 알았던 생명을 자기 스스로 어찌하지 못하고 모든 것을 뒤로하고 사라져야만 했던 것이 인류였다.

그러기에 우리는 오늘 사는 것이 기회의 날이요 마지막인 것을 알아 각자가 처해진 삶의 자리에서 더불어 살라고 맡기신 사람들과 함께 부요한 삶을 살아가야 한다. 하나님께서 오늘 나에게 주신 사람들, 슬픔에 잠긴 사람, 낙심한 사람, 병든 사람, 소외된 사람, 그들이 언제까지나 내 곁에 있어 주는 것은 아니다.

'내일 봐서 하지! 내 형편 좀 나아지면 하지! 좀 더 벌어서 하지!' 하고 미룬다면 기회를 놓칠 수도 있다. 그러기에 사랑은 미루는 것이 아니다. 사랑은 남겨 놓거나 아끼는 것이 아니다. 사랑은 시간 속에서 이뤄지는 것인데 유감스럽게도 그 시간은 멈춰 있는 것이 아니기 때문이다. 내가 떠나든 이웃이 떠나든, 떠나고 나면 나눌 것이 아무리 귀하고 많아도 아무 소용이 없기 때문이다. 기회는 지금 바로 이 시간이 아닐까?'

나는 이제 다시 생각한다.

'내가 조금 아파서라도 이웃을 살릴 수만 있다면
내가 썩고 썩어서라도 복음을 꽃 피울 수만 있다면
내가 땀 흘려 조금의 위로라도 연약한 이웃에게 나눌 수 있다면
내가 눈물을 흘리고서라도
저들을 조금이라도 행복하게 할 수 있다면
나는 기꺼이 그리하겠다.
손바닥만 한 이 시간
찰나적인 이 기회 다 지나기 전에 좀 더 사랑하리라.
좀 더 축복하리라.
좀 더 기도해 주리라.
몸을 팔아 하루하루를 사는 인생이든지
먼지처럼 이리저리 뒹구는 거지인생이든

잘난 사람이든 못난 사람이든
오늘 만나는 모든 사람을 두 번 다시 오지 않는
이 기회 지나기 전에 사랑하리라.

뭐라고?
달리는 지하철에 몸을 던져?

2003년 3월 4일, 16세의 고등학교 아이들 3명이 찬양을 들으며 서 있다가 그중의 한 아이가 눈물을 감추지 못하고 울기 시작하였다. 닭똥 같은 눈물이 뚝뚝 흘러 내렸다. 찬양의 은혜가 소녀의 메마른 심령에 은혜의 단비로 내려앉았음이 분명하였다. 다가가서 소녀의 눈물을 닦아 주며 "예수님만이 너의 인생길에 참 소망이란다. 그분이 너의 삶의 해요 방패시란다. 바로 그분이 오늘도 너를 사랑으로 기다리고 계신단다."라고 전하니 그 아이의 울음은 더욱 커졌고 서부역을 지나던 많은 사람들의 주목을 받기에 충분하였다. 함께 있던 친구들이 창피하였던지 소녀의 팔을 끌어당기며 갈 길을 재촉해도 그 소녀는 발걸음을 옮길 수가 없었다.

마른 땅 같은 자신의 마음에서 샘이 터져나는 것처럼 감당할 수 없는 힘으로 밀려오는 무엇이 있는데 어디로 갈 수 있었겠는가? 마음이 열리고 귀가 열려 하늘로부터 자신을 향해 내리는 은혜가 있는데 그 무엇이 그 소녀를 그 자리에서 끌어 갈 수 있겠는가? 성령이 임재하시고 성령께서 강권하심에는 어쩔 도리가 없는 것이었다.

그날 그렇게 시작된 거리 찬양집회는 다른 날보다도 유난히 더 많은 은혜를 하나님께서 부어 주셨다. 많은 사람들이 메시지를 들으며 그리스도 예수님의 고난의 의미와 값없이 거저 주시는 구원의 은혜를 생각하며 많은 사람들이 교회에 가겠다고 약속하였다. 그리고 둘러서서 찬양을 듣는 이들 가운데 많은 사람들이 눈물을 흘렸고 나는 그들의 눈물을 닦아 주기에 바빴다. 세상에 눌리고 상하고 세상으로부터 기쁨을 얻으려다 도리어 낭패와 실망을 당한 가련한 이들의 눈물을 닦고 또 닦아 주었다. 예수 그리스도께서 내 마음에 날마다 위로하시는 그 힘으로 말이다.

이제 집회를 끝내고 여기저기에서 모여온 120여 명의 거리생활을 하는 사람들에게 닭고기 감자스프도 다 나누어 주었다. 그리고 짐을 정리할 즈음, 웬일인지 지하철로 들어가는 입구를 경찰들이 다 막고 있는 것이다. 그러자 지하철을 타기 위해 몰려드는 사람들로 인해 지하광장은 순식간에 사람들로 바다를 이룬 것 같았다.

"무슨 일이야? 뭔데 이렇게 막고 들어가지 못하게 하는 거야?"

모여선 사람들은 저마다 한 마디씩 하였다. 나 역시도 경찰들이 지하철 입구를 왜 막았는지, 무슨 일이 지하철 안에서 일어났는지 궁금하였다. 그래서 지하철 입구를 막아선 경찰관에게 다가가 물었다.

"왜 그럽니까? 무슨 일인데 이렇게 막은 것입니까?"라고 묻자

"한 사람이 달리는 지하철에 뛰어 들었습니다. 그래서 2~3시간은 이 역을 사용할 수 없습니다. 지금 처리중입니다."라고 대답을 하는 것이었다.

'뭐라고? 달리는 기차에 몸을 던져? 무엇 때문에, 무엇 때문에 그 소중하고 존귀한 생명을 내동댕이쳤을까? 죽어야 할 이유를 찾기 전에 살아야 할 이유를 먼저 만났어야지.… 가련하다. 오늘 얼마나 많은 사람들이 힘들고 곤한 나그네 인생길에서도 살아야 할 이유를 분명히 만났고, 그들에게 얼마나 큰 생명의 역사가 있었는가? 그런데 그는 왜 듣지 못하였는가? 그는 오늘 이곳을 지나지 않았단 말인가? 분명 이곳을 지나갔을 텐데 왜 그 소리를, 그 광경을 보지 못했단 말인가? 무엇이 그를 죽음의 길로 이끌고 가버렸는가? 세상으로부터 낙심한 바로 그가 오늘 이 구원의 소식, 인생 역전의 소식을 들었어야 했는데, 바로 그가 살 소망이 없는 이 세상에서 살아야 할 분명한 이유를 만났어야 했는데….'

경찰관이 전해 준 말을 듣고 무엇에 얻어맞은 듯, 한동안 멍해 있던 나는 내가 왜 이곳에 존재해야 하는지에 대해 더 깊이 생각하며 이사야 62장 1절의 말씀을 묵상하고 또 묵상하였다. "나는 시온의 공의가 빛같이, 예루살렘의 구원이 횃불같이 나타나도록 시온을 위

하여 잠잠하지 아니하며 예루살렘을 위하여 쉬지 아니할 것인즉."

복음역사! 천년의 연수만 자랑하는 광야와 메마른 땅, 이곳 형가리가 백합화같이 피어 즐거워하는 그리스도의 생명의 계절이 오기까지 나는 예수 그리스도의 피로 물감을 대신하여 구원의 그림을 그리리라. 그분의 피 묻은 손을 높이 들고 죽음의 길, 달리는 지하철로 뛰어들듯 사망의 땅을 향해 질주하는 사람들을 향해 구원의 횃불을 높이 들고 "살 소망, 살아야 할 이유가 여기 있다."라고 만민이 다 들을 수 있도록 더욱 크게 외치리라.

그리스도 예수께서 누가복음 19장 10절에서 이렇게 말씀하신다.

"인자의 온 것은 잃어버린 자를 찾아 구원하려 함이니라."

나쁜 놈!

2004년 6월 29일, 반바지 차림에 슬리퍼를 신고 배가 제법 나온 젊은 남자가 전도지를 나누고 다시 찬양을 부르려고 하는 나를 가로 막고 섰다.

"한 가지 말 좀 해도 됩니까? 나는 지금 몇 끼를 먹지 못했습니다. 더구나 집에도 가지를 못합니다. 나는 돈을 달라고 하는 것이 아닙니다. 이미 여러 성당을 다녀보고 교회를 다니면서 나의 사정을 이야기 했지만 아무도 나를 도와주지 않았습니다. 그들에게는 하나님을 믿는다 하면서도 사랑이 없습니다. 집에 갈 수 있는 기차표가 필요합니다. 아이들과 아내가 나를 기다립니다. 집에 갈 수 있도록 기차표 한 장만 사주시기 바랍니다."

이렇게 말하며 계속해서 다가오는 그를 현지인 성도에게 맡겼다.

종종 이렇게 묘한 거짓말을 하여 돈을 얻으려는 사람들이 있기 때문이다. 현지인 성도는 그와 뭐라 뭐라 이야기를 하기 시작하였다. 아마도 그는 나에게 하였던 말을 다시 하는 것 같았다. 그런데 현지인 성도와 이야기를 마친 그는 여전히 가지 않고 그 자리에서 내가 시간나기를 기다렸다. 전도 집회가 끝날 때까지 말이다. 현지인 성도도 그와 이야기가 잘 되지 않은 모양이었다. 웬만한 사람은 현지인 성도가 한 두 마디 하면 돌아가 버리는데 이 사람은 아무래도 끈질긴 것 같았다.

두 시간여 뒤 찬양집회를 끝내고 나누어 주는 국 한 그릇을 가난한 사람들 사이에서 다 먹고 난 그는 다시 나에게 물어왔다.

"도와줄 수 있습니까?"

"당신 정말 기차표가 필요한 것이오?"

"정말입니다."

"어디까지 가는데?"

"니레끼하저(부다페스트에서 약 380km) 근처까지 갑니다."

"기차표 값은 얼마나 합니까?"

"약 3,000포린트(약 18,000원)입니다."

나는 속으로 생각했다.

'잉! 만만치 않은데. 내가 뭐 자선 사업가인가? 아무리 내가 목사라지만 은행도 아니고…. 더구나 뻔뻔한 얼굴로 말이야! 부탁하려면 겸손하게나 하던지. 나에게 돈이라도 맡긴 듯이 말이야.'

나는 아무래도 의심이 들어, 아니 솔직히 부담되는 금액이라 다른 몇 사람에게 니레끼하저까지 가는 기찻삯을 물어 보았다. 그러자 그들 중 한 사람이 "신 어띠여, 그곳까지는 약 2,000포린트 될 겁니다." 하는 것이었다.

'그러면 그렇지, 나쁜 놈 같으니라구! 나를 속이려 들어?'

나는 표를 사달라는 그 사람을 도무지 믿을 수 없었다. 그래서 전도 장비를 날라다 주는 노숙자 도우미에게 2,000포린트를 건네주며 기차표를 사다 달라고 부탁하였다. 그런데 한참을 기다려도, 또 한참을 기다려도 내가 무지하게 믿고 표를 사오라고 보냈던 그 도우미는 오지 않았다. '이게 도대체 어떻게 된 일이야! 믿는 도끼에 발등을?'

그래서 나는 표를 사달라고 했던 배가 제법 나온 뻔뻔한 사람과 함께 매표소로 발을 옮겼다. 기차표를 사려고 하는 사람들이 많아서 내가 보낸 그 도우미가 아직도 그곳에 줄을 서 있기를 기대하면서 말이다. 그러나 나의 희망 섞인 기대와는 달리 매표소는 썰렁했다. 이곳저곳 아무리 두리번거려 보아도 그는 보이지 않았다. '아무래도 2,000포린트 날린 것 같은데!' 생각하며 썰렁한 표정으로 배가 제법 나온 뻔뻔한 젊은 남자에게 말했다. "외어 엘 멘뜨.(그가 가 버렸다.)"

나는 다시 그 뻔뻔한 외모를 한 사람과 함께 전도 장비를 실어 놓은 곳으로, 아내가 기다리는 곳으로 허탈한 마음으로 오면서 생각을 했다. '서부역에 있는 홈리스들이 나를 향해서 밝은 웃음으로 손짓하며 말하던 그 모든 것이 거짓인가? 그래도 내가 자신들을 사랑한다고 그토록 애를 썼는데…. 나에게 이러면 안 되는데…. 나에게 늘 신 어띠여, 띠스뗄렉!(신 아버지, 존경합니다.) 하더니 이 말들이 다 거짓이었나?'

이젠 스스로 알아서 내 곁에서 조용히 사라져 줬으면 하는, 기차표를 사달라고 했던 그 사람은 나의 마음도 모르고 계속해서 내 옆을 쫄래쫄래 따라오면서 잔뜩 성난 얼굴로 이렇게 말하는 것이었다.

"나쁜 놈! 그 놈은 나쁜 놈이야!"

그의 말에 나 역시도 동의하고 있었다.

"그래, 당신 말대로 나도 그 놈이 상당히 나쁜 놈이라고 생각한다."

그런데 그 '나쁜 놈'이 저 멀리 전도 장비를 실어 놓은 차 옆에 아내와 함께 서 있는 모습이 나의 눈에 들어왔다. 늘 그랬던 것처럼 밝고 환한 모습으로 말이다. 보통 황당한 일이 아니었다. '그래! 맞아! 하나님의 사랑은 배반당하지 않는 거야. 사랑은 모든 것을 온전하게 하는 것이야. 하나님 사랑으로 이제까지 돕고 사랑했는데 그럴 수야 없지.' 믿어야 할 사람을 믿지 못한 나는 부끄러웠다. 그리고 생각했다. 조금 전의 그 나쁜 놈은 바로 나라고 말이다.

'믿음이 없는 나여! 책망 받아 마땅하다! 나쁜 놈! 너는 아직 멀었어.'

아! 기다림의 열매라!

약 1년 6개월 전부터 서부역에 나와서 찬양을 듣는 할아버지가 있다. 할아버지는 손에 지팡이를 들고 약간 떨리는 몸으로 겨우겨우 걷는 분이었다. 그럼에도 그분은 늘 서부역으로 나오셔서 찬양을 듣곤 하였다. 그때마다 나는 그분에게 복음을 전하며 "우리 교회에 꼭 나와 보세요. 나오면 얼마나 좋은지 알게 되실 것입니다. 하나님이 할아버지를 얼마나 사랑하시는지 아세요? 그러니 꼭 교회에 오세요. 그리고 하나님을 만나세요."라고 권면하였다. 그렇게 1년 6개월을 전도하였는데도 그분은 늘 대답만 하고는 오질 않았다. 찬양을 들으며 눈물도 흘리고 분명 은혜를 받은 것 같은데, 도통 교회는 나오질 않았다. 그러던 할아버지였다.

그리고 2003년 7월 13일, 예배를 시작하고 10여 분쯤 지났을까?

문을 여는 소리가 들렸다. '삐걱' '누구일까?' 성도들과 찬양을 부르던 나는 출입문 쪽으로 눈을 돌렸다. 나의 작은 눈은 커질 대로 커졌다. 1년 6개월을 한결같이 권면하여도 오지 않던 바로 그 할아버지가 문을 열고 여전히 그 낡은 지팡이에 자신의 몸을 의지하고 들어오는 것이었다. 아! 결실이라. 기다림의 열매라!

이 거칠고 황량한 들녘에서 예수 그리스도의 복음을 전하던 나에게 그분은 하나님께서 주시는 은혜의 결실이요, 사랑의 열매요, 축복의 잔이었다. 작은 자가 천을 이루는 소망의 증거이며 약한 자가 강국을 이루는 시작이었다(사 60:22). 나는 삐걱하며 교회의 문이 열리는 소리를 들으며 이 땅의 천년이나 계속되어온 그릇된 신앙의 녹과 사슬이 떨어져 나가는 소리를 들었다. 그 동안 이 민족을 감싸고 옥죄였던 죄와 허물들이 녹아져 내리는 소리를 들은 것이었다. 불가능의 착고가 풀어지는 소리였다.

오늘도 내 가슴 안에는 길이요, 진리요, 생명이라 이름 하는 예수 그리스도의 씨앗이 한 아름 들려 있다. 나는 이 씨앗을 들고 혹 눈물을 흘릴지라도, 혹 고통할지라도, 혹 아픔이 있다 할지라도 이 씨앗 뿌리기를 주저하지 않을 것이다. 기어이 이 씨앗을 뿌리고야 말겠다. 시편 126편 5~6절에서 이렇게 말씀하고 있기 때문이다.

"눈물을 흘리며 씨를 뿌리는 자는 기쁨으로 거두리로다. 울며 씨를 뿌리러 나가는 자는 정녕 기쁨으로 그 단을 가지고 돌아오리로다."

그리스도 안에서 나누어 가는 사랑! 그것은 결코 헛되지 않다. 하나님 나라 확장을 위해서 선을 베푸는 행함! 그것은 결단코 결실한다. 그러기에 오늘도 우리는 심어야 한다. 현재 없는 미래가 없듯이 씨 뿌리는 수고 없이, 십자가를 지는 일 없이는 열매 맺는 일, 추수의 영광을 취할 수 없다. 추수할 것이 없는 것은 수고하지 않았기 때문이다. 거두어들일 열매가 없는 것은 땀 흘리지 않았기 때문이요 열심을 내지 않았기 때문이다. 눈물 흘려 씨를 뿌리며, 땀 흘려 예수 그리스도의 사랑을 나누면 반드시 기쁨과 영광의 결실을 추수하게 된다. 뿌리면 거두게 되는 것이 거짓 없는 자연의 법칙이요, 땀 흘려 수고하면 기쁨의 열매를 추수토록 하는 것이 하나님의 무오류한 법칙이다.

참 기적

2003년 10월 9일, 아주 반듯하게 생긴 젊은 사람이 집회 시작부터 끝날 때까지 떠날 줄 모르고 찬양을 듣고 있었습니다. 그러면서 전도지를 나누는 현지인 성도들과 이런저런 이야기를 나누기도 합니다. 또 둘러서서 찬양 듣는 사람들을 유심히 살피기도 합니다. 전도 집회를 끝내고 음식을 나누어 주는 시간이 되어도 그 젊은이는 떠날 줄 몰랐습니다. 한 순간도 놓치지 않고 우리가 행하는 모든 것을 관찰하는 듯하였습니다.

닭고기 감자스프를 다 나누고 이곳저곳에 서서 허기진 배를 달래는 사람들에게 "하나님은 당신을 사랑하십니다."라는 말로 그들을 위로하고 있을 때 그 젊은이는 나에게로 와서는 "잠시 이야기를 나눌 수 있겠습니까?"라고 묻더니 이야기를 시작하였습니다.

"나는 모태신앙인입니다. 로마 가톨릭 교인으로 이제까지 살아왔습니다. 우리 집안은 대대로 가톨릭 집안입니다. 나의 어머니의 소원은 정말이지 내가 로마 가톨릭의 사제가 되는 것이었습니다. 그것은 가문의 영광이지요. 그러나 나는 세상이 좋았습니다. 친구들과 어울려 춤추는 것을 좋아했습니다. 여자들을 만나는 것이 좋았습니다. 내가 세상을 좋아하면 좋아할수록 어머니는 내게 신부가 될 것을 더욱 강요하였습니다. 그러나 나는 세상이 나를 원하고 있었기 때문에 사제가 될 수 없었습니다. 나는 어릴 적 하나님의 일인지 아닌지 확실히는 모르지만 여러 번 기적 같은 일들을 경험하였습니다. 그 일들은 마음에 큰 감동이 되었습니다.

그런데 오늘 나는 그 어릴 적 하나님의 기적이라고 여겼던 것과는 또 다른 하나님의 참 기적을 나의 이 두 눈으로 똑똑히 보았습니다. 당신의 찬양을 들으며 여기저기에서 흐느끼며 눈물을 훔쳐내는 사람들을 보았습니다. 당신의 찬양소리에서 전달되어 나오는 알 수 없는 힘들이 모여선 사람들을 감동시키는 것을 보았습니다. 둘러선 사람들이 회개와 감격으로 하나님을 만나는 모습들을 보았습니다. 바로 여기에 하나님이 계신 것을 보았습니다. 나는 이러한 일들을 이제껏 본 일이 없습니다. 그래서 나는 이 자리를 뜰 수 없어 지금까지 지켜본 것입니다. 그리고 특별히 이렇게 많은 사람들에게 스프와 빵을 나누어 주는 것, 이것이 참 귀하고 아름다운 일이라 생각합니다. 사랑 없는 이 세상에서 이 스프와 빵은 사랑을 낳는 기적이라고 생각합니다. 여기에 하나님께서 살아계신 것을 느낍니다. 고맙습니다."

그는 이 말을 하고 한 걸음 두 걸음 사라져 갔습니다.

많은 사람들이 특별한 기적을 찾습니다. 그러나 참 기적은 은혜를 모르던 사람이 은혜를 깨닫는 일입니다. 사랑을 모르던 사람이 사랑을 깨닫는 것입니다. 자신만 알던 사람이 다른 사람들을 향해 눈을 뜨는 것입니다. 그리고 이유와 조건 없이 거저 받은 사랑을 거저 나누는 것,

이것이 참 기적입니다. 기적은 멀리 있지 않습니다. 내가 그리스도의 말씀을 붙잡고 그 말씀대로 살아가는 것, 그것이 바로 기적을 낳고 신비를 낳는 일입니다. 세상이 감동할 일입니다.

'작은 사랑의 실천' 하나님께서는 바로 이것을 우리에게 소원하십니다.

2003년 10월의 기도편지 중에서

내일은 좀 나아질 거야!

"이슈트반! 당신은 볼 때마다 늘 웃는 얼굴입니다." "웃지 못할 이유가 없습니다." "당신 안엔 틀림없이 예수가 있군요." "그럼요. 여기 이렇게 있잖아요." 하며 자신의 가슴을 가리키는 이슈트반을 보면서 힘들고 곤한 환경 가운데서도 그가 오늘을 미소 짓고 사는 이유를 알게 된다. 그 비결은 예수! 예수 그리스도다.

할머니와 고개 숙인 꽃

현지인 께젤렘교회에 몸이 불편해서 가끔씩 병원에 입원하는 할머니가 있다. 구부러진 허리, 약하고 초라한 몸을 낡은 지팡이 하나에 겨우 의지하고 다니는 할머니다. 그러나 선글라스를 즐겨 쓰는 멋쟁이 할머니다. 그분의 깊이 파인 주름 가득한 얼굴을 보고 있노라면 '지나온 삶의 여정이 어떠했는지, 풍파 많은 세상에서 얼마나 시달렸을지' 짐작할 수 있을 것 같다.

할머니는 참 가난하다. 그러나 할머니는 자신이 '가난하다.' 라고 한 번도 표현하지 않는다. 동정을 구하지도 않는다. 가난은 그의 친구가 되어버린 지 오랜 것 같다. 그러나 그분이 전하는 말을 듣고 있으면 마음이 따뜻해져 온다. 자기 욕심에 사로잡혀 사는 번지르르하게 배부른 사람들, 부자들에게서 전혀 느낄 수 없는 마음을, 가난을 친구 삼아 사는 그 꺼칠한 외모의 할머니에게서 느낀다.

지난 주일에는(2003. 8. 10) 할머니가 이름을 알 수 없는 꽃 몇 송이를 종이에 둘둘 말아 가지고 오셨다. 그리고는 예배드리기 전에 아내가 찬송연습을 하고 있는 곳으로 가더니 미소를 한 아름 머금은 채 종이에 싼 그 꽃을 오르간 위에 내려놓았다. 자신의 삶 속에는 가난과 외로움으로 인하여 전혀 미소 지을 마음의 여유가 없음에도 불구하고 이웃의 마음에 미소와 감동을 전하는 그분은 천사보다 더 고왔다.

집에서 꺾었는지 들에서 꺾었는지 알 수 없지만 그 꽃을 나누는, 가난하지만 부요한 할머니를 보면서 나는 그의 마음에 무엇이 들어 있는지 알 수 있었다.

할머니가 아내에게 건넨 꽃은 화려하지도 않고, 싱싱하지도 않은 보잘것없는 꽃이다. 참으로 초라하기 그지없었다. 게다가 더운 날씨 때문인지 그 꽃들은 고개를 푸-욱 숙이고 있어서 더욱 촌스러워 보였다. 아니 꽃이라기보다는 풀에 더 가까웠다. 굳이 이름을 붙이자면 '풀꽃' '꽃풀'이라고나 할까? 게다가 그 꽃을 싼 종이는 어떻고…. 고상하게 말하면 누런 종이고 덜 고상하게는 똥 종이였다.

그러나 그 꽃에 담긴 할머니의 마음은 화려하다 못해 눈이 부셨다. 꽃은 시들어 고개를 푸-욱 숙이고 있었지만 꽃에 담긴 할머니의 마음, 꽃에 담은 할머니의 사랑만큼은 싱싱하고 생명력이 넘쳤다. 나같이 무뚝뚝하고 감정이 무딘 사람도 그 사랑에 동화되어 버렸으니 할머니가 품은 사랑은 용광로 사랑임에 틀림없었다. 우리의 하나님께서도 그런 할머니의 사랑을 기쁨으로 받으셨음에 틀림없을 것을 믿는다. 왜냐하면 하나님께서는 중심을 받으시고 마음을 열납하시는 분이기 때문이다. 작은 것도 더하여 크게 받으시고 모자라는 것도 채워서 풍성히 받으시는 분이기 때문이다.

할머니가 아내에게 내민 것은 세상에서 아무리 귀하고 값진 그 어떤 물건으로도 대신할 수 없는 마음이었다. 사랑이었다. 마음이 담긴 풀꽃! 사랑이 담긴 꽃풀! 진실이 담긴 고개 숙인 꽃! 그것은 마음 없고 사랑 없는 수만 송이의 장미꽃보다 훨씬 귀하고 화려한 것이었다. 진실이 빠져버린 수억 병의 향수보다도 더 진한 향기였다. 자신이 할 수 있는 최고의 것으로 최고의 사랑을 베푼 할머니! 그분은 어쩌면 예수님께서 칭찬하신 가난한 과부인지도 모르겠다. 부자들에게는 가치 없는 두 렙돈이지만 자신의 생활비 전부, 자신의 마음 전부를 드린 가난한 과부 말이다.

예수님은 누가복음 21장 3절에서 이렇게 말씀하신다.

"내가 참으로 너희에게 말하노니 이 가난한 과부가 모든 사람보다 많이 넣었도다."

인생의 겨울

현지인 께젤렘교회에 에떠라고 하는 성도가 있다. 기도하는 모습이 참 아름답고 건강이 그리 좋지 않음에도 전도할 때 가끔씩 나와서 전도지도 나누며 노숙자들에게 숟가락도 전하면서 함께 하늘의 기쁨을 증거 해 가는 성도다. 특별히 에떠 성도는 복음이 문화가 되어 교회에 단 한 번만 나와도 자신은 교인이며 그것으로 천국도 갈 수 있다고 착각하며 사는 사람들에게 편지 보내는 사역을 아주 잘 감당하고 있다.

그런데 에떠가 갑자기 3주씩이나 교회를 나오지 않는 것이었다. 아무리 전화를 해봐도 연락이 안 되고 해서 '어디로 여행을 갔나? 아니면 딸네 집에 다니러 갔나?' 궁금하고 걱정도 되었다. 그렇게 3주가 흘러가고 4주 만에 에떠 성도는 교회에 나왔다.

그런데 이번에는 예배시간 내내 울기만 하는 것이었다. 찬송을 부르면서도, 말씀을 들으면서도 그저 울기만 하였다. 얼굴 전체가 벌게지도록 끊일 줄 모르고 눈물이 계속 흘러내렸다. 흐느끼는 소리도 없이 눈물만 흘리는 그의 모습이 더욱 안돼 보였고 '도대체 무슨 일 때문에 저리 울까?' 궁금하기만 했다.

예배를 마치고 꼭 안아 주면서 물었다. "왜 이리 우세요? 무슨 일이 있나요?" 에떠 성도는 그제야 참고 있던 울음을 터트려 소리 내어 흐느끼며 이렇게 말하는 것이었다.

"빠스또르! 내 딸이 죽었어요. 마흔두 살인데 병원서 수술 중에 죽었어요."

나는 할 말을 잃었다. 그야말로 충격이었다.

'나도 이렇게 할 말을 잃고 충격을 받는데 그 딸의 어미인 에떠 성도는 어떨까? 이 아픔을 무슨 말로 어떻게 위로해 줄 수 있을까?'

어떤 말로도 급작스레 딸을 잃은 어미를 위로해 줄 수 없었다. 자식의 죽음 앞에서 절대적 절망에 빠진 그에게 세상의 무슨 말로 위로하며, 세상의 그 어떤 힘으로 도울 수 있겠는가? 그저 예수 그리스도의 마음으로 함께 아파해 줄 수밖에 없었다.

갑자기 찾아온, 전혀 생각지 못했던, 한참 젊을 때, 아직도 살아야 할 삶이 많이 남아 있다고 생각했던 마흔둘! 이제야 철든 삶, 사람다운 삶을 살아야 할 그 나이에 인생의 겨울이 찾아 올 줄은 본인도, 그 어머니인 에떠도 몰랐던 것이다.

만일 숨을 거둘 그때, 그 마지막 시간을 알았더라면 조금이라도 더 진실할 수 있었겠고, 더 사랑할 수 있었을 텐데…. 만나고 싶었던 사람들, 그리웠던 사람들, 그리고 떠나야 할 길에서 정리해야 할 것들을 가지런히 다듬어 놓았을 텐데…. 그 마지막 시간을 알았더라면 특별히 주님 만날 준비, 준비된 등불 가지고 하나님께로 나아갔을 텐데 말이다.

인생의 겨울은 그리 멀리 있는 것이 아니다. 그림자처럼 늘 붙어 다닌다. 멀리 하고 싶어도 멀리 할 수 없다. 그리고 우리 인생의 능력으로는 그 마지막 시간, 종말의 때를 예상할 수 없다. 그러나 분명한 것은 인생의 겨울은 오른쪽이든 왼쪽이든, 등 뒤든 전면이든 항상 붙어 다닌다는 사실이다.

만일 우리가 그 마지막 시간을 알고 임의로 조절할 수 있다면 그는 그 자신의 삶의 주인이 되겠지만 그러나 아쉽게도 인생 그 누구도 자신의 생의 시간을 임의로 조절한 사람이 없었고 앞으로도 없다.

왜냐하면 우리는 하나님의 피조물이고, 시간은 창조자의 것이기 때문이다. 우리를 창조하신 그분이 내게서 얼굴을 돌리시고, 손을 거두시면 우리는 그 시간에 흙으로 돌아가야 하기 때문이다.

누가복음 12장 35절에서 예수님께서는 이렇게 말씀하셨다.

"허리에 띠를 띠고 등불을 켜고 서 있으라."

뙤비의 너털웃음

뙤비의 서부역 홈리스 생활이 벌써 12년이 넘었다. 그 동안 수많은 사람들이 이 서부역을 찾아 왔었지만 몇 년, 아니 몇 개월을 버티지 못하고 떠나가 버렸다. 그만큼 거리의 삶이 거칠고 험하기 때문이다. 그러나 뙤비는 늘 그대로다. 그 거친 들녘에 살면서도 잡초같이 강인하여 쓰러지지 않는다. 병에 걸렸다가도 곧 털고 일어난다. 한동안 보이지 않아 이런저런 걱정을 하고 있노라면 바람처럼 나타나 씨-익 웃는다. 때로는 내가 전도하며 찬양하는 그 바로 앞에서 손을 들고 입을 벌려 찬양을 따라 부르며 "할렐루야!"를 힘껏 외치기도 하는 거리의 크리스천이다.

지하철 표 파는 곳 옆이 그의 일터다. 지하철 표를 사기 위해 줄서있는 사람들이 던져 주는 한푼 두푼의 동전을 모아 하루하루를 살아가는 사람인 것이다.

오늘도 그는 그냥 그렇게 10년 동안 해온 것처럼 종이 한 장 달랑 들고 서 있었다. 표 사는 사람들을 그저 물끄러미 바라보기만 한다. "돈 좀 달라."고 하는 요구가 없다. "먹을 것을 사게 돈 좀 주시오." 하면 훨씬 많은 동전을 얻을 수 있음에도 그는 그렇게 손을 벌리지 않는다. 그렇다고 누군가 돈 두어 푼을 던져 준다고 해도 고맙다는 말이 없다. 주면 주는 대로 안 줘도 그만인 얼굴로 바라보기만 한다. 나 역시 그에게 이렇다 저렇다 말 들어본 적이 없으니까 말이다. 그저 너털웃음 한번 지어 주는 것이 그의 최고의 감사 표시다.

다른 거리의 사람들은 불쌍하게 보이는 갖가지 표정을 지으면서, 어떤 사람들은 박스종이에 자신의 사정을 쓴 글을 보이면서, 때론 거짓말도 해가면서 돈을 구걸하지만 뙤비는 그러지 않는다. 돈을 모으려는 것에 욕심이 있는 것이 아니라 그저 하루하루 사는 것에 마음을 두고 감사하는 사람이다.

"오늘은 얼마나 벌었소?"라고 물으면 "돈이 중요한가? 숨 쉬는 것이 중요하지."라고 대답하는 사람이다.

에베소서 4장 22~24절에는 다음의 말씀이 기록되어 있다.

"너희는 유혹의 욕심을 따라 썩어져가는 구습을 좇는 옛 사람을 벗어버리고 오직 심령으로 새롭게 되어 하나님을 따라 의와 진리의 거룩함으로 지으심을 받은 새사람을 입으라."

오늘 우리 시대의 자화상은 어떠한가? 삶의 단상은 어떠한가? 인생의 참 목적, 그리고 참 멋을 잃어버린 '실낙원의 시대, 상실의 시대' 가 아닌가? 돈의 유혹, 명품의 유혹, 명예와 권력의 유혹에 사로잡혀 욕심껏 사는, 세상 나라의 주인들이 서로 욕심의 크기와 그 분량을 자랑하는 자기 자랑의 시대가 아닌가 말이다.

인격이야 어찌 되었든 돈이 있어야 사람대접 받고 돈 있는 사람들의 말에 무게가 실리는 가치 전도의 시대가 아닌가? 성공을 나눔과 섬김, 성화된 영체의 삶에 두지 않고 쌓아 놓은 재물로 판단하는 속물의 시대가 아닌가 말이다. 그러나 우리가 분명히 알아야 할 것은 그 욕심으로는, 그 인격으로는, 그 재물로는, 하나님과 사람이 함께 살도록 설계되고 해와 달의 비췸이 필요 없을 만큼 하나님의 영광과 어린양 예수 그리스도의 빛이 가득한 하늘나라에 갈 수 없다는 사실이다. 욕심이 판치는 세상 나라와 그 주인들은 영원하지 못하다는 사실이다.

들녘의 꽃들을 바라보자.
그들의 존재에서 우리의 삶을 배워 보자.
그들은 흙과 함께 살며 그 흙을 먹는다.
그리고 이슬과 물을 마신다.
꽃과 나무는 우리 사람처럼 맛있고 고급스런 것을
전혀 먹지 않는다.
그런데 그 꽃과 나무는 흙 먹고 물 마셨다고 해서

다시 흙과 물을 내어놓는 것이 아니라
먹은 것, 마신 것과는 비교도 되지 않는
신비하고 비상한 꽃들을 피워낸다.
보기만 해도 취할 것 같은 형형색색의 신비를 꽃 피우면서도
서로 잘났다고 뽐내지 않는다.
주어진 자리, 주신 모양대로 그저 그렇게 존재하는 것이다.
욕심 없는 자유자로 주어진 삶을 마음껏 비행하자.
저 공중의 새처럼!
탐심 없는 온전한 사람으로 주신 가치와 존귀를 마음껏 꽃 피우자.
저 들녘의 꽃처럼!

웃지 못할
이유가 없습니다

헝가리 현지인 께젤렘교회에 휠체어를 타고 예배에 참석하는 사람이 있다. 가난하지만 참 귀한 마음을 가진 사람이다. 그런데 써보이슈트반이 교회에 오기까지는 휠체어로 한 시간이 넘게 걸린다. 때로는 40도가 넘는 뜨거운 태양 빛을 받으면서 땀범벅이 되어 오기도 한다. 그러면서도 그의 얼굴은 늘 밝고 여유가 있다. 먼 거리도 마다하지 않고 하나님의 집을 향해 오는 그 심령이 너무나도 예쁘고 고맙다.

어렸을 적에 두 다리를 잃고 인조다리를 하고 살아온 그 삶 가운데 참 많은 한이 있었을 터인데도, 하고픈 말들이 많이 있을 텐데도 늘 기쁨으로 환하게 웃으며 살아가는 그 심령의 향기가 너무나도 진하다. 우리는 두 손 두 발 다 가졌음에도 때로는 하나님 앞에 걷는 것조차 불평하고 조금만 힘들면 하나님을 원망했는데, 두 발을 전혀 쓰지 못하면서도 늘 기쁨의 미소를 지으며 살아가는 우리 께젤렘교회의 아름다운 성도 써보 이슈트반을 보면서 나는 감동스런 도전을 받는다.

"이슈트반! 당신은 볼 때마다 늘 웃는 얼굴입니다."

"웃지 못할 이유가 없습니다."

"당신 안엔 틀림없이 예수가 있군요."

"그럼요. 여기 이렇게 있잖아요."

하며 자신의 가슴을 가리키는 이슈트반을 보면서 힘들고 곤한 환경 가운데서도 그가 오늘을 미소 짓고 사는 이유를 알게 된다. 그 비결은 예수! 예수 그리스도다.

돈을 얻는 것은 생활을 얻는 것이다. 먹고 입고 마시고 즐기고…. 그러나 예수를 얻는 것은 삶을 얻는 것이다. 환경을 넘어선 가치 있는 삶, 사람다운 삶, 향기 나는 삶, 생명력이 넘치는 삶! 이러한 삶은 돈으로는 만들 수도, 살 수도 없다. 이 삶은 오직 예수 그리스도로만 가능하다. 왜냐하면 예수님은 모든 삶의 길이시기 때문이다. 모든 인생의 길은 그리스도로 통하기 때문이다. 그러기에 가치 있는 삶도, 사람다운 삶도, 향기 나는 삶도 영원히 사는 삶도, 미소 짓는 삶도 예수 그리스도로부터 시작되며 그 끝도 그분에게 있다.

헨리 나우웬은 자신의 책에서 이렇게 기록하고 있다.

"예수님이 내 삶의 중심이어야 하며, 더욱 더 내 삶의 중심이 되어야 한다. 예수님이 나의 선생, 나의 안내자, 영감의 근원이 되는 것으로는 충분하지 않다. 예수님이 내 여정의 동반자요, 친구요, 형제가 되는 것도 충분하지 않다. 예수님은 내 심장 중의 심장이요, 생명의 불꽃이요, 영혼의 연인이 되어야 한다. 그는 나의 유일한 생각이요, 관심사요, 갈망이 되어야 한다."

내일은 좀 나아질 거야!

졸탄이 자기 시간을 다하고 영원한 시간 속으로 사라져 버렸다. 졸탄은 거리전도 찬양집회를 시작하고 얼마 지나지 않아 서부역에서 만난 젊은이였다. 졸탄에게는 아내도 그리고 사랑스런 자녀들도 있었다. 그들은 한껏 행복한 숨을 쉬며 더 깊고 풍요로운 행복의 숨을 쉴 것을 꿈꾸며 열심히 살았다. 그러나 그들의 꿈은 졸탄이 직장에서 밀려나면서부터 이룰 수 없는 꿈이 되어 버렸다. 영영히 말이다.

졸탄은 직장을 잃은 뒤 새로운 직장을 얻고자 수도인 부다페스트로 올라왔다. "아빠가 돈 많이 벌어서 돌아올 때까지 엄마 말씀 잘 듣고 있거라." 이 평범한 말을 남기고 가족을 뒤로 하고 온 부다페스트였다. 그러나 누가 특별한 기술 하나 없는 그에게 선뜻 일자리를 내어 주겠는가? 그저 하루 먹고 하루 사는 일용직만이 그를 기다리고 있을 뿐이었다.

공사장 잡부 일이라도 매일 있으면 좋겠지만 상황은 그렇지 못했다. 하루 잘 벌면 3,000포린트(우리 돈으로 18,000원), 그것으로는 허름한 곳에서 잠을 자고 거친 빵으로 배를 채워도 생활이 되지 않는다. 그러니 일이 없는 날은 어찌 하겠는가? 거리에서 노숙하는 길밖에 다른 도리가 없다. 그는 일이 없는 날이면 노상 주차장에서 주차 일을 도우며 던져 주는 몇 푼의 돈을 얻는다. 그리고 그 몇 푼으로 추위를 달래고자 알코올이 든 음료를 마시고 역전 한 모퉁이에서 시리고 시린 잠을 청한다.

졸탄은 잠을 자면서도 두고 온 가족을 생각한다. 그러고는 자신이 처한 삶과 가족을 생각하며 마르지 않는 눈물을 흘린다. 소리 없는 울음을 운다. '내일은 좀 나아질 거야! 내일부터는 괜찮을 거야!'

그러나 다음날 아침이 되어도 그를 반기는 것은 황량한 역전의 바람밖에는 없다. 아무리 두리번거려도 보이는 것은 거리에서 만난 비슷한 처지의 사람들이 자신과 나란히 잠을 자는 모습뿐이다. 이제 이 삶은 어쩌다가 있는 일이 아닌 곧 생활이 되어 버렸다. 누구나 두들겨대는 동네북으로, 내일을 알 수 없는 벼랑 끝 인생으로, 청소부조차도 쓰레기 취급하는 홈리스 생활이 그의 생활로 자리 잡고 있었다.

어느 날 전도 장비를 가득 싣고 노상 주차장에 도착했을 때 졸탄이 그 몇 푼을 얻고자 열심히 손짓하며 '이곳에 주차공간이 있다.'

라는 사인을 계속해서 보내었다. 그가 사인하는 곳으로 주차를 하고 고맙다고 말하며 "당신 이름이 무엇입니까? 이 짐들을 저 지하 광장까지 날라다 줄 수 있겠소?"라고 청하자 그는 "닌치 프로블리머.(문제없다.)" 하며 도와주었다.

그 일을 계기로 매주 화요일과 금요일이면 그는 시간에 맞춰 미리 나와서 주차 공간을 마련하고 짐을 날라 주었다. 그리고는 전도 집회가 끝날 때까지 벽에 기대어 찬양을 듣고 눈물을 흘린다. 음식을 나누는 일, 헌옷을 나누는 일도 열심히 도왔다.

내가 거리의 사람들을 모아 놓고 함께 기도하며 찬양을 가르치며 그리고 찬양을 부를 때 졸탄은 가장 열심히 하였다. 손을 높이 들고 할렐루야를 힘 있게 외치기도 하였다.

어느 토요일 저녁 무렵, 졸탄과 그의 친구 피터가 생각이 났다. 그래서 아내가 만들어 준 빵과 음료수를 챙기고 몇 푼의 돈을 쥔 채 그들을 찾아갔다. 그들은 여전히 주차장에서 일을 하고 있었다. "오늘은 얼마나 벌었어?"라고 묻자 졸탄은 자신의 주머니에 손을 꾹 찔러 넣더니 동전들을 쏟아 내었다. 그러고는 세기 시작하였다. 1포린트, 2포린트…. "500포린트도 안 되네!" 하며 그는 짧은 한숨을 내쉬었다.

"이것으로 오늘 저녁이나 먹을 수 있겠어?" 하며 나는 가지고 간 빵과 음료수를 그들 앞에 펼쳐 놓았다. 그러자 그들은 좋아라 하며 날 보고도 함께 먹자고 난리였다. 그러면서 졸탄이 이야기를 꺼내었다.

"신 어띠여, 내가 요즘 매일 아침 눈을 뜰 무렵이면 당신의 찬송소리가 들려와. 당신의 찬송소리에 눈을 뜨게 돼. 분명히 신 어띠여는 없는데 내 귀에 또렷하게 찬송소리가 들려와서 아침마다 눈을 뜨게 되고 하나님께 기도하게 돼."

그러면서 그는 "너지 끼라이(크신 왕)"라는 찬양을 피터와 함께 한껏 부르기 시작하였다. 하나님을 높여드리는 그들의 모습은 천사보다도 더욱 빛나 보였다. 거리에서 듣고 함께 불렀던 찬양들이 어느덧 그의 몸과 마음, 영혼도 지배하고 있었던 것이다. 그의 현실 생활은 거칠고 소망 잃은 현실에 있었지만 그의 영혼의 삶은 이제 찬양에 의해 이끌림 받는 거룩한 존재로의 변화였다. 그의 영혼을 성령께서 붙들고 계셨다. 그는 틀림없는 하나님의 자녀였다.

그 일이 있은 다음 화요일, 웬일인지 주차장에 졸탄이 보이지 않았다. 이리저리 걱정이 되었다. 그날은 하는 수 없이 혼자서 몇 차례에 걸쳐 전도 장비들을 날랐다. 그리고 은혜와 구원을 선포하는 기도를 하고 한참 찬양을 부르고 있었다.

그런데 저 멀리에서 졸탄이 힘없이 걸어오고 있었다. 어깨는 축 쳐져 있고 얼굴은 어두웠다. 가까이 온 그의 얼굴을 보니 눈이 정말 밤탱이가 되어 있었다. 얼굴은 군데군데 멍투성이였다. 정말 보기가 민망할 정도였다.

"왜 이런 거야? 누가 그랬어? 왜 싸우고 그래?"라고 하자 옆에 있던 다른 거리의 사람들이 경찰들이 그렇게 한 거라고 열을 내어 대신 이야기해 주었다. 말대답을 한다고 몽둥이로 사정없이 때린 것이었다. 졸탄이 내어뿜는 한숨은 땅과 산을 밀어버릴 듯하였다. 가뜩이나 고단한 인생인데…. 그의 한숨은 생명의 기식이 멀리 사라져 가는 듯하였다.

그리고 그는 정신에 이상이 생겼다. 이 세계에서 다른 세계로 그는 그만 자신이 살아야 할 세계를 잊어버리고 말았다. 병원에서 치료받고 나오면 잠시 좋아지는 듯하다가 이내 자신의 세계를 잃어버리고 방황하였다. 그 모습을 보면서 참 많이 기도하였다. 온전히 그를 돕지 못하는 내 자신이 답답하고 또 답답하였다. 얼마 뒤 그는 교통사고로 그 곤한 삶을 마감하였다. 안식과 자유를 잃고 방황하다가 영원한 안식의 나라로 옮겨졌다. 눈물도 고통도 계급도 없는 자유의 나라, 하나님의 나라로 말이다.

그는 자신보다 더 어려운 사람들의 등을 다독일 줄 아는 사람이었다. 몇 푼 안 되는 자신의 돈을 털어 친구의 배고픔을 달래주던 사람이다. 내 것 네 것이 없는 풍요로운 사람이었다. 무엇보다도 그는 찬송의 삶, 기도의 삶으로 영적으로 하늘의 숨을 쉬던 사람이었다.

인간적 눈으로 보면 졸탄은 짧은 인생을 살았다. 그리고 곤하고 외롭고 비극적 인생을 살았다. 그러나 나는 그의 죽음을 슬퍼하지 않는다. 그의 거리의 동료들은 그의 죽음을 두고 불쌍하다 말하였지만 나는 그렇게 생각하지 않는다. 그의 영혼을 하나님께서 거두셨음을 믿기 때문이다.

이사야 57장 1절은 이렇게 말씀하고 있다.

"의인이 죽을찌라도 마음에 두는 자가 없고 자비한 자들이 취하여 감을 입을찌라도 그 의인은 화액 전에 취하여 감을 입은 것인 줄로 깨닫는 자가 없도다."

내 귓가엔 지금도 졸탄의 그 귀한 간증이 맴돌고 있다.

"신 어띠여, 내가 눈을 뜰 무렵이면 당신의 찬송소리가 들려와. 당신의 찬송소리에 눈을 뜨게 돼. 분명히 신 어띠여는 없는데 내 귀에 또렷하게 찬송소리가 들려와서 아침마다 하나님께 기도하게 돼."

졸탄은 마음과 영혼 속에 하나님을 향한 찬송이 살아있는 사람이었다. 그리스도 예수께서 값없이 인을 쳐주신 의인이었다. 하나님께서는 죄악을 당연시하며 살아가는, 살인과 마약과 간음과 도적질과 술주정이 난무하는 거리에 그 아름다운 의인을 그냥 놔두실 수 없어서 화액 전에 그를 취하신 것이었다. 졸탄을 잃은 아픔보다 그를 거두신 하나님의 은혜가 더욱 더 커 감격하지 않을 수 없다.

많은 사람들이 내일은 좀 나아질 거야! 하며 내일 없는 세상에서 내일을 꿈꾸며 살아간다. 그러나 그 벅찬 기대와 희망은 곧 실망과 좌절이 되어 돌아온다. 그리고는 그 꿈꾸던 세상으로부터 병들고 상처받고 그리고 서서히 죽어간다. 왜냐하면 세상은 세상일 뿐이기 때문이다. 공평이 뒤로 물러서 있고 의가 땅바닥에 주저앉아 있으며 거짓말이 춤추고 포학과 패역이 박수치는, 하나님을 떠나고 그리스도의 사랑을 깨닫지 못하는 세상일 뿐이기 때문이다.

우리가 진정 꿈꾸며 소망해야 할 곳은, 내일 없는 세상에서 내일을 꿈꿀 것이 아니라 영원한 내일이 있는 하나님의 나라다. 우리가 희망해야 할 곳은, 희망 없는 세상에서 희망을 꿈꿀 것이 아니라 영원한 희망, 인류의 참 소망이 되시는 그리스도 예수의 나라다. 눈물도 없고, 사망도 없고, 애통하는 것도 아픈 것도 없으며, 의와 공평이 입 맞추고 세상과 인간의 연약한 모든 처음의 것들이 다 사라져버린 하나님께서 다스리시는 그 나라가 바로 우리가 목숨 걸고 소망해야 할 나라다.

요한계시록 21장 4절과 11절에서는 반드시 가야 할 소망의 나라에 대해 이렇게 기록하고 있다.

"모든 눈물을 그 눈에서 씻기시매 다시 사망이 없고 애통하는 것이나 곡하는 것이나 아픈 것이 다시 있지 아니하리니 … 하나님의 영광이 있으매 그 성의 빛이 지극히 귀한 보석 같고 벽옥과 수정같이 맑더라."

내가 너희를 쉬게 하리라

현지인 께젤렘교회에 다리가 아파서 어려움을 겪는 분이 있다. 여러 번 수술을 하였지만 그분의 아픔은 여전히 계속되었다. 게다가 그의 남편은 앞을 볼 수 없는 맹인이다. 남편과 동행해서 교회에 올 때면 불편한 다리로 앞이 보이지 않는 남편을 인도해 오느라 애쓰는 모습을 볼 수 있다. 그러나 미리께 성도는 그 아픈 다리를 이끌고서도 하나님을 예배하기에 힘쓴다. 공산주의 시절에서도 신앙을 지킨 분이니 그 신앙의 힘은 누구도 당해낼 수 없는 것이었다. 현실에, 환경에 절대 넘어질 수 없는 불굴의 신앙인이다.

2004년 9월 둘째 주일, 웬일로 미리께 성도가 30분 정도 일찍 교회에 도착하였다. 아내와 나는 그날 부를 찬송을 연습하고 있었다. 그날 미리께 성도의 손에는 남편 대신 세 송이의 카네이션이 들려 있었다. 그녀는 오르간을 연습하고 있는 아내에게 다가가 미소를 머금은 얼굴로 카네이션을 전해 주었다. 그러나 그분의 얼굴 가운데 있는 미소는 밝은 미소가 아니어서 '저분이 무언가 어려움이 있구나.' 생각하게 되었다.

아내에게 꽃을 건네준 미리께 성도는 맨 앞줄 의자에 앉아서 아내가 찬송 연습하는 것을 듣기 시작했다. 찬송을 들으며 무언가를 깊이 생각하며 하나님 앞에 기도를 드렸다. 그리고는 이내 눈가에 이슬이 맺혔다. 그 '눈 이슬'을 바라보는 나의 마음속에도 보이지 않는 눈물이 흘러 내렸다. '저분에게 무슨 슬픔이, 무슨 고민이, 무슨 염려와 걱정이 있을까?'

한참 기도하는 그분의 모습을 보고 있노라니 그의 얼굴에서는 조금 전의 그 어둡던 표정도, 그 쓸쓸하던 눈 이슬도 다 사라져 버리고 대신 아내가 연습하고 있는 찬송가의 가사처럼 모든 것을 주님께 내어 맡긴 자유함과 평화스러움이 엿보였다. 예수 그리스도께서 주시는 평안함이 배어나왔다. '주님으로부터 어떤 위로와 어떤 약속의 말씀을 들었기에 저리도 평안한 얼굴로, 저리도 빛난 얼굴로 변해갈까?' 미리께 성도는 영혼에 안식과 평안을 주시는 예수 그리스도를 만난 것이다. 두려움에 떨고 있는 제자들 사이로 부활의 예수께서 시간과 공간을 가르고 나타나셔서 선포하신 평안을 그도 받은 것이었다. 기도함으로, 예수 그리스도 앞에 자신의 모든 짐들을 내려놓음으로 예수 그리스도께서 주시는 영혼의 평안! 그 놀라운 신비를 자신도 받고 다른 사람에게도 전하고 있었던 것이었다.

시편 42편 11절은 이렇게 말씀하고 있다.

"내 영혼아 네가 어찌하여 낙망하며 어찌하여 내 속에서 불안하여 하는고. 너는 하나님을 바라라. 나는 내 얼굴을 도우시는 내 하나님을 오히려 찬송하리로다."

성대 이상으로 설교단에 더 이상 설 수 없었던 William Orcutt Cushing 목사는 처절한 슬픔의 계곡에서 하나님을 바라보다가 1896년경에 마침내 다음과 같은 찬송시를 작시하였다.

주 날개 밑 내가 편안히 쉬네 밤 깊고 비바람 불어쳐도
아버지께서 날 지키시리니 거기서 편안히 쉬리로다
주 날개 밑 나의 피난처 되니 거기서 쉬기를 원하노라
세상이 나를 못 위로해주나 거기서 평화를 누리리라
주 날개 밑 참된 기쁨이 있네 고달픈 세상길 가는 동안
나 거기 숨어 돌보심을 받고 영원한 안식을 얻으리라
주 날개 밑 즐거워라 그 사랑 끊을 자 뉘뇨
주 날개 밑 내 쉬는 영혼 영원히 거기서 살리

참 자유

현지인 께젤렘교회에 피터(베드로)라는 사람이 있다. 늘 적극적으로 거리전도 사역을 돕고 진지함으로 함께했던 사람이다. 겉모습도 마치 사진으로 본 사도 베드로의 모습처럼 수염을 잔뜩 길러 신앙심이 깊어 보였다. 그러나 무엇보다도 그의 마음속에는 하나님을 향한 열심과 사랑이 가득하였다. 눈 내리는 한겨울에도, 40도를 오르내리는 한여름에도 그의 열심은 변함이 없었다. 피터는 전도지를 나누어 주고 자신보다 가난한 사람들에게 음식을 나누며 전도 장비들을 실어 나르는 시간 속에서 자신의 참 행복을 찾은 듯 보였다.

그런 피터였는데 3주를 계속해서 교회에 나오지 않았다. 물론 거리전도 찬양집회에도 그의 열심이던 모습은 보이지 않았다. '무슨 일이지? 도대체 그에게 무슨 일이 일어난 거지?' 나는 몹시 궁금하였다. '그가 혹 가난보다 더 큰 어려움을 만난 것은 아닌가?' 그렇게 걱정하며 염려하던 차에 한 여성 경찰로부터 전화가 걸려왔다.

"신 빠스또르입니까?"

"예, 그런데요."

"피터라는 사람을 알고 있습니까?"

"예, 잘 알지요. 그런데 왜 그러시지요?"

"이곳은 부다페스트 12구역의 경찰국인데 피터라는 사람이 당신을 만나기를 원합니다. 오실 수 있겠습니까?"

"물론이지요. 가지요. 그런데 피터가 왜 그곳에 있지요?"

"오시면 알게 될 것입니다."

그렇게 이야기를 하고 약속 날짜를 정해서 어렵게 경찰국을 찾아갔다. 나에게 전화를 걸었던 여성 경찰의 안내를 받아 사무실에 잠깐 앉아 있노라니까 피터가 손에 수갑을 차고 들어왔다. 수갑을 찬 그의 손을 붙잡으며 서로의 얼굴을 맞대고 헝가리 식 인사를 하였다. 약 한 달 사이에 그의 얼굴은 많이 수척해 있었다. '도대체 무슨 일 때문에 이런 모습을 하고 있을까?' 속으로 나는 무척이나 궁금하였다.

그러나 나는 그에게 내 입으로 그 사실을 묻고 싶지 않았다. 한 시간을 넘게 이런저런 이야기를 했으나 그 역시도 자신이 왜 이곳에서 이런 모습을 하고 있는지에 대해서 의도적으로 말을 하지 않았다. 기다리다 못한 나는 어렵게 입을 열어 "피터! 도대체 당신이 왜 여기에 이러고 있는지 언제 말해 줄 거요?" 하니 그제야 그는 말문을 열어 자신의 그간의 사정을 말하기 시작하였다.

"신 어띠여, 나는 원래 6~7년 전부터 히트(믿음)교회(신비주의적인 것에 비중을 많이 두고 있어 복음적이지 못하다. 안수 기도를 하면 사람들이 넘어져야 믿음이 있다고 하는 곳이다.)에서 신앙생활을 했습니다. 그러나 그곳에서 열광적인 신앙생활은 했지만 내 안에 어떤 영적인 힘이나 생명력이 있었던 것은 아닙니다. 그러한 신앙생활을 하는 가운데 부인하고도 이혼을 했습니다. 삶이 점점 힘들고 곤궁해졌습니다. 그러는 중에 한 사람에게 사기를 치게 되었습니다. 약 4천만 원이나 되는 돈을 사기쳤습니다. 그러나 그 4천만 원은 내 것이 아니었습니다. 다른 사람이 다시 그 돈을 가로채 달아난 것입니다.

그 일로 나는 정신적으로나 육체적으로 힘들고 괴로운 시간들을 지내고 있었습니다. 그렇게 몸을 피해서 이리저리 다닐 때에 당신을 만났습니다. 뉴거띠 역에서 찬양을 하고 예수 그리스도를 증거하는 당신을 보았습니다.

하루 먹고 하루 사는 연약한 사람들에게 음식을 나누어 주는 당신을 보면서 예수님의 사랑을 알게 되었고 예수님의 참된 모습을, 신앙인의 참 모습을 깨닫게 되었습니다. 예배를 함께 하면서 참된 생명 예수 그리스도를 만났습니다. 비록 서툴고 엉성하기 이를 데 없는 당신의 헝가리어 설교였지만 그 말씀들이 내 가슴을, 내 심장을 찔렀습니다. 나의 죄를 생각나게 했습니다. 하나님의 말씀이 잠시도 내 심령을 그냥 놔두지 않았습니다. 내 마음은 나의 죄로 인하여 쓰리고 아팠습니다.

나는 결국 '내가 죄 된 몸으로 더 이상 이렇게 살 수 없다. 더 이상 이렇게 그늘진 삶을 살 수 없다.'고 생각하고 내 발로 경찰국에 와서 자수를 하게 된 것입니다.

신 빠스또르, 나는 지금 너무너무 평안합니다. 몸은 비록 이 안에 갇혀 있지만 나의 영혼은 하나님의 은혜로, 예수 그리스도의 사랑으로 평화를 누리고 있습니다. 이 안에서도 하나님께 기도를 많이 하며 성경을 읽습니다. 그리고 보호소에 함께 있는 사람들에게 복음을 전하고 있습니다. 나는 신 빠스또르를 만난 것이 너무 행복합니다. 너무 감사합니다."

나는 피터의 그 귀한 이야기를 들으며 하나님께 감사의 기도를 드리지 않을 수 없었다. 예수 그리스도의 생명의 말씀이 그를 새롭게 살리는 역사 앞에서 나는 감격하지 않을 수 없었다. 한 영혼을 말씀으로 회복시키시며 거듭나게 하셔서 진짜 인생을 살게 하시는 하나님의 영광을 본 나는 기뻐 춤추지 않을 수 없었다.

요한복음 8장 32절은 이렇게 기록하고 있다.

"진리를 알찌니 진리가 너희를 자유케 하리라."

이제 피터는 참 자유가 무엇인지 깨달은 사람이 되었다.

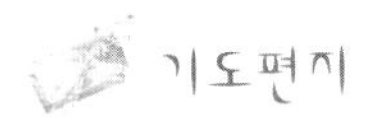

사랑이 보약

2004년 10월 18일, 45명이 생활하는 양로원에 다녀왔습니다. 그리 넓지 않은 곳에서 45명이 생활한다는 것은 그만큼 불편한 요소가 많다는 뜻일 겁니다. 현지인 께젤렘교회와 한인교회를 함께 섬기는 박우연 선교사, 이은숙 선교사, 그리고 내 아내가 동행하였습니다.

제일 먼저 십여 명이 생활하는 방으로 갔습니다. 95세 된 할머니는 나를 금방 알아보고는 반가워서 어쩔 줄 몰라 했습니다. 반기는 그 모습이 얼마나 순수하던지요. 봄 햇살 받으며 굳은 땅을 헤집고 나오는 새싹 같았습니다. 그 연세에도 기억력은 또 얼마나 좋은지요. 참으로 평화로운 모습으로 남은 삶을 살아가고 있는 모습이 부러워서 '나도 나이 들면 저럴 수 있을까?' 생각하게 되었습니다. 마음이 따뜻하니까 세월의 강이 그렇게 흐르도록 기억력까지 잃지 않는 하나님의 복을 누리는 것 같았습니다. "예수님이 어떤 분이신 줄 아시지요?"라고 물으니 사도신경을 근거로 예수님에 대해 설명합니다. 또박또박 분명한 말로 설명합니다. 나이 든 어린아이였습니다. 참 아름답고 귀한 모습이었습니다. 다른 분들 한 분 한 분의 손을 잡으며 이제 삶의 기력이 소멸되어 가는 그분들에게 하나님의 사랑이, 구원의 새 힘이 임하기를 진심으로 소원하였습니다.

그리고 나는 다른 분들이 생활하는 방으로 자리를 옮겼습니다. 그곳에는 세 명의 할머니들이 생활하고 있었습니다. 자신들의 방이 그곳에서 가장 좋은 곳이라고 자기들이 특별대우를 받는다고 자랑합니다. 화장실도 안에 있어 밖으로 나갈 필요가 없다고 좋아하였습니다. 그러나 그분들도 금세 마음 깊이 담겨진 외로움을 드러내고 맙니다. "그 많던 친구들도 다 가고 없습니다. 함께 한 이불을 덮고, 한 밥을 먹던 형제들도 다 돌아가 버리고 이제는 혼자입니다. 웬 세월이 이리도 빨리 가는지…."라고 하며 눈물을 흘립니다. 이제 그분들에겐 시기도, 미움도, 욕심도 없습니다. 지난 세월 동안 그토록 꿈꿔왔던, 잘 먹고 잘 살고 잘 입고픈 욕심이 사라졌습니다. 이제는 세상에 눈이 닫혀가고 하늘을 향해 새 눈을 떠가기 때문입니다. 좀 더 깨끗이, 좀 더 가치 있게, 좀 더 향기롭게 살지 못한 것이 후회스러울 뿐입니다.

그들과 한참을 이야기한 뒤, 나는 다시 선교사님들이 있는 방으로 돌아왔습니다. 그런데 다들 난리가 났습니다. 처음 들어섰을 때의 서먹함과 정적마저 흐르던 공기는 다 사라지고 없었습니다. 그 서먹서먹하고 형식적인 것들이 다 달아나 버렸습니다. 선교사님들이 사랑으로, 정성으로 자신들의 마른 손을 붙잡아 주고 등을 두드려 주며 이야기를 들어 주고 사랑을 해 주니 말이지요. 마음들이 다 넓디넓은 들판이 되었습니다. 고이고이 접어 두었던 편지들, 아끼던 소품들, 그리고 가족과 친구의 사진들을 꺼내 놓고 보여 주며, 서로 선교사를 차지하려고….

참 아름다운 광경이었습니다. 그림보다도 더 아름다운 모습이었습니다. ‘세상에 이보다 더 아름다운 모습들이 있을까?’ 외로운 사람들에겐 사랑이 약입니다. 가슴 시린 사람들에겐 그리스도의 사랑이 보약입니다. 나는 그날, 이 아름다운 모습이 바로 천국의 모습이 아닐까? 생각해 보았습니다.

2004년 11월의 기도편지 중에서

나사렛 예수 그리스도의 이름으로

예수 그리스도의 이름은 나라, 언어, 환경에 관계없이 역사하는 이름이다. 한국에서도, 헝가리에서도, 그 밖의 세계 어느 나라에서도, 우주에서도 그 능력의 이름은 제한을 받지 않는다. 예수 그리스도의 능력은 오늘 우리의 사역 가운데서 매 순간 나타난다. 믿음으로 그 영화롭고 영광과 능력이 충만한 이름을 사용하면 반드시 그 신비함을 보게 될 것이다.

신기하네!

거리전도 찬양집회를 할 때마다 몇 주를 계속해서 서부역에 나와서 찬양을 듣는 할머니가 있었다. 80세를 넘긴 할머니이신데 다리가 연약하기에 늘 역 기둥에 기대어 서서 찬양을 듣곤 하였다. 2004년 8월 24일, 할머니는 서부역으로 여전히 출석하였다. 소녀같이 예쁘게 단장하고 말이다. 그리고는 행복이 내려앉은 넉넉한 웃음을 띠고 찬양을 듣고 있었다.

그런데 한참을 잘 듣던 할머니가 무슨 일인지 역의 기둥을 떠나 가까이에 있는 쇼핑센터 쇼 윈도우의 유리 벽면으로 발걸음을 옮겼다. 그리고 그 유리 벽면에 기대어 한쪽 눈을 손으로 '가렸다 열었다'를 반복하고 있었다.

나는 전도지를 돌리다 말고 할머니에게 다가가서 "할머니, 왜 그러세요?"라고 물었다. 그러자 할머니는 "한쪽 눈이 잘 안 보여. 희미해."라고 대답하며 눈을 껌뻑였다. 눈을 계속해서 껌뻑이는 할머니를 보며 "그래요? 그럼 우리 기도합시다." 그리고 할머니의 희미해진 한쪽 눈에 손을 얹고 기도하였다.

"하나님 아버지, 여기에 하나님의 사랑하는 자녀 에밀리어가 있습니다. 지금 눈이 갑자기 희미해져 답답합니다. 하나님 아버지, 에밀리어의 희미해진 눈을 밝게 하여 주옵소서. 십자가의 능력으로 밝히 볼 수 있게 하여 주옵소서. … 예수 그리스도의 이름으로 기도드립니다. 아멘."

이렇게 예수 그리스도의 이름으로 기도드리고 잠시 후, 찬양을 하면서 보니 할머니는 다시 한쪽 눈을 손으로 '가렸다 열었다'를 반복하고 있었다.

그런데 이번에는 아까와 다르게 이상하다는 듯이 고개를 갸우뚱 갸우뚱 하고 있었다. '왜 그러실까?' 생각하며 다시 다가가서 "왜 고개를 갸우뚱 갸우뚱 하십니까?"라고 묻자 할머니는 지극히 만족스러운 얼굴을 하고는 이렇게 소리쳤다.

"응, 지금은 잘 보여. 신기하네, 신기해!"

갑자기 희미해진 눈 때문에 답답해하시던 할머니는 어린아이처럼 기뻐하였다. 뿐만 아니라 기도의 신비, 예수 그리스도의 은혜를 맛본 할머니의 얼굴빛은 금세 옅은 분홍 꽃이 되어 있었다.

그리고 돌아온 주일날 '신기하다'를 연발하던 '너지 에밀리어'

할머니는 처음으로 현지인 교회에 발을 디뎠다. 그리고는 소녀처럼 다소곳한 모습으로 의자에 앉아 찬양을 따라하며 말씀을 들었다.

그날 내가 전할 설교는 마태복음 7장 11절 말씀이었다.

"너희가 악한 자라도 좋은 것으로 자식에게 줄줄 알거든 하물며 하늘에 계신 너희 아버지께서 구하는 자에게 좋은 것으로 주시지 않겠느냐."

할머니가 교회에 나오리라고는 생각도 못하고 준비한 말씀이었는데 하나님의 깊은 것도 알게 하시는 성령께서는 이미 나에게 이 말씀을 예비하여 주셨다.

그날 나는 께젤렘교회에 처음 나온 할머니를 보면서 성도들에게 지난 화요일에 할머니에게 일어난 일을 간증하였다. 모든 성도들이 할머니에게 일어난 신비한 일을 듣고 하나같이 고개를 끄덕이며 하나님께 영광을 돌렸다.

예배를 드리고 돌아가면서 할머니는 이렇게 한 마디 하였다.

"예수님으로 인해 나는 행복합니다."

그날 이후로 할머니는 눈이 오나 비가 오나 연약한 발걸음을 이끌고 하나님 예배하기를 쉬지 아니한다. 찬양을 배우며 몸을 약간씩 흔들며 하나님을 경배한다. 그분의 발걸음이 날마다 한 걸음씩 천국으로 향하고 있다. 그리스도께서 십자가의 보혈로 값 주고 세우신 께젤렘교회와 함께, 신비의 이름! 예수 그리스도와 함께 천국으로 향하고 있다. 그 신기한 이름을 붙들고 오늘도 행복의 미소를 짓고 있다.

"예수 그리스도" 그 이름은 신기한 이름이다. 왜냐하면 예수! 그분의 이름 앞에는 소경도, 문둥병자도, 절름발이도, 앉은뱅이도, 귀신들린 사람도, 죽은 사람도 문제된 적이 없었기 때문이다. 모두들 그 이름으로 치유되고 회복되고 살아났기 때문이다. 구하고 찾고 두드리는 이에게 언제나 기적으로, 신비로 응답하셨기 때문이다.

나에게는 소원이 있다. 그것은 할머니의 음성, "응, 지금은 잘 보여. 신기하네, 신기해!" 바로 이 간증이 모든 사람의 간증이 되는 것이다.

우연인가, 필연인가?

2004년 9월 3일, ○○교회를 중심으로 뜨레아 디아스 선교 팀 31명이 2박 3일 일정으로 헝가리 부다페스트로 왔다. 둘째 날 부다페스트 서부역 전도를 앞두고 나는 적지 않은 고민을 하였다. 찬양과 워십을 하기 위해서는 선교 팀이 부를 찬양의 악보가 필요한데 악보가 없었기 때문이다. 내 아내가 반주를 하고자 하여도 선교 팀이 부를 악보가 없으니 그러지도 못하였다.

나와 선교 팀은 필연적 시간 속에 처해 있었으나 그 시간을 감당할 능력이 없어 보였다. 그러나 이것은 외적인 것이었다. 우리는 필요한 충분조건을 갖추고 있지 않았지만 이젠 전쟁을 치러야 했다. 맨몸으로라도 싸울 수밖에 없었다. 영적인 전쟁터로 나서기 전 나는 선교 팀을 이렇게 격려하였다.

"이것은 영적 전쟁입니다. 박수 하나라도 힘껏 치십시오. 하나 된 박수소리에 사단은 물러가게 될 것입니다. 우리가 하나 되지 않으면 사단의 먹이가 됩니다. 그러나 우리가 믿음으로 하나 되고 은혜와 구원을 선포하는 일에 하나 된다면 하나님의 살아계심을, 그분의 역사하심을 오늘 여러분은 보게 될 것입니다. 비록 여러분이 피아노 없이 찬양을 하고 반주자 없이 워십을 한다고 해도 두려워하지 마십시오. 죽어가는 유럽대륙을 믿음으로 품고, 이 민족을 향한 그리스도의 목마른 소원을 품고 오늘의 사역을 감당하십시오!"

'선교 팀이 부를 찬양의 악보는 없지만 단 몇 곡이라도 믿음을 다해서 부르면 되리라. 피아노 반주가 없으면 어떤가? 악보가 힘이 아니라 믿음이 힘인 것을! 믿음이 능력인 것을!'

드디어 우리 일행을 태운 버스가 서부역에 도착하였다. 선교 팀의 얼굴들을 둘러보니 약간의 두려움과 긴장감이 감돌고 있었다. 틀림없이 전쟁을 앞둔 병사들의 얼굴이었다.

서부역에 도착한 나는 수년간 갈고 닦은 숙달된 솜씨로 전도 장비 완전 설치를 마쳤다. 그리고 발전기를 가동했다. 부르릉! 성령의 역사하심을 알리는 포효함이 서부역 한쪽을 뒤흔들었다. 이제 팀을 인솔하고 오신 목사님의 은혜와 구원의 선포가 힘 있게 떨어졌다.

"내가 예수 그리스도의 이름으로 명하노니 이 땅에 하나님의 은혜와 구원이 있을지어다. 이 땅에 새 생명의 역사가 시작될지어다. 예수 그리스도의 이름으로. 아멘"

바로 그 순간, 목사님의 선포와 함께 하나님의 예비하심의 은혜와 비밀한 섭리가 서부역과 우리의 선교 팀에 임하였다. 그야말로 몸에 전율이 흐를 정도로 때를 따라 도우시는 하나님의 예비하신 '은총의 만남'이 이루어진 것이다. 마침 유럽 배낭여행을 하던 파주 지방 모 목사님의 딸과 친구가 부다페스트 서부역을 지나던 중 우리 선교 팀을 보았다.

"한국에서 오셨어요? 선교하시나 봐요? 나도 피아노 반주 할 수 있는데…."

"그래요? 정말 잘됐군요. 우리는 지금 반주자가 필요하거든요."

그렇게 시작된 서부역 전도였다. 그 자매에게는 악보가 필요 없었다. 부르면 부르는 대로, 원하면 원하는 대로 신바람 나게 척척이다. 성령바람으로 척척이다. 선교 팀 역시도 찬양집회를 하기 전의 그 긴장감과 약간의 두려운 모습들은 온데간데없고 오직 성령의 신바람에 도취된 빛나는 모습으로 서부역을 그리스도의 피로 물들여 가고 있었다. 선교 팀은 자신들이 준비해온 것의 몇 백 퍼센트를 보여 주었다. 제한 없고 막힘없는 눈부신 성령의 역사였다.

초등학생인 하은이부터 나이 드신 권사님, 그리고 목사님, 모두가 복음으로 일치, 그리스도의 사랑으로 하나 되어 영광된 도구로 쓰임 받았다. 그들의 밝고 빛난 모습을 무엇으로 비길 수 있겠는가? 성도의 그 보배로운 모습을 무엇에 비유할 수 있겠는가? 하나님의 영광의 빛이요 예수 그리스도의 은혜의 빛이었다.

그것은 그들의 힘이 아니었다. 성령께서 그들을 인도한 것이다. 성령께서 그들을 강권하여 헝가리 부다페스트에서의 영적 싸움을 이기게 하셨다. 선교 팀과 그 거리를 지나던 부다페스트 시민들은 성령으로 하나 되어 손에 손을 마주잡고 아주 커다란 원을 만들며 박수치며 하나님을 찬양하였다. 시민들은 자신도 모르게 가던 길을 멈추고, 어떤 사람들은 시장바구니를 내려놓고 예수 그리스도의 은혜의 사슬에 묶임을 당하였다. 모두 하나 되어 날개 없는 천사가 되어 날개 달린 찬송을 불렀다.

"엔겜 쎄렛트 이쥬숌 비블리 암볼 욜뚜돔…
예수 사랑하심은 거룩하신 말일세.
우리들은 약하나 예수 권세 많도다. 날 사랑하심 날 사랑하심…"

이러기를 여러 차례. 그리고 선교 팀은 그곳에 모여 있던 그리스도를 잃고 살아가는 부다페스트 시민 한 사람 한 사람을 예수 그리스도의 뜨거운 마음으로 깊이 안아 주며 기도하였다. 이 땅에 그리스도의 계절이 다시 오기를 바라면서, 이 영혼들의 가슴이 그리스도의 피로 다시금 물들도록 말이다.

그 신바람난 광경은 하나님께서 땀이 나도록 어깨춤을 추실 만한 모습이었다. 한국인과 헝가리인이 손에 손을 마주잡고 위로하며, 축복하며 사랑하는 그 모습은 분명코 하나님께서 손이 아프도록 박수치실 만한 모습이었다. 복음의 능력을 상실한 유럽대륙을 향한 하나님의 복음의 새 소원, 그리고 사랑을 이날 부다페스트 서부역에서 다시 한 번 보여 주었다. 이날 보여 주신 성령의 거룩한 모습은 한 영혼도 그대로 놔 둘 수 없다는 하나님의 간절한 사랑의 모습이었다.

나는 이제 다시 한 번 생각해 본다. '누가 그 시간에, 그 장소에, 그 재능을 지닌 목사님의 딸이 지나갈 줄 알았을까? 또한 파주지방의 목사님의 딸은 배낭여행 중에 자신이 보냄 받은 자로 쓰임 받을 줄 누가 알았을까? 우연인가, 아니면 하나님의 예비된 높은 경륜의 필연인가?'

세상에 우연은 없다. 다만 우리가 깨닫지 못할 뿐이다. 우리 사람들의 이성의 힘과 지식은 극히 제한되어 있다. 인류가 가진 최고의 지식과 과학으로는 도저히 지구 밖의 일들을 알아내기 어렵다. 아니 지구 안에서의 일조차도 밝혀내기 어렵다. 6,600만 메가톤의 지구가 시속 107,159Km/hr의 속도로 공전을 하는 것, 행성과 행성들의 조화, 물의 순환구조, 봄 여름 가을 겨울의 조화, 꽃이 피고 지는 것, 이 모든 것을 무엇으로 밝혀 낼 것인가? 인간의 좁고 짧은 지식으로는 도저히 밝혀 낼 수 없다. 밝히려 들면 더 혼돈이 오고 머리만 아플 뿐이다. 그래서 무신론자들은 이것을 우연이라고 말하는 것이다. 이해할 수 없기 때문에, 밝혀 낼 수 없기 때문에, 머리 아프니 우연이라고 정의하자 하는 것이다. 다시 말하지만 세상에 우연은 없다. 내가 모를 뿐이요 발견하지 못했을 뿐이다.

믿거나 말거나 눈이 있는 자는 볼 것이요, 귀가 있는 자는 들을 것이다.

웬만하면 가자!

2002년 12월 17일, 밖에는 엄청난 양의 눈이 쉴 새 없이 내리고 있었다. 얼마나 눈이 많이 내리는지 내가 자란 강원도 고성에서 보던 것과는 비교도 되지 않았다. 그야말로 세상이 온통 눈 천지였다. 그러나 여전히 나는 아내와 현지인 성도 마리아와 함께 찬양집회를 마치고 나누어 줄 닭고기 감자스프를 만들기 위해 감자를 깎았다. 당근, 양배추, 그리고 한국 양파와는 비교도 안 되게 엄청 매운 양파를 다듬었다. 헝가리 양파는 눈물 없이는 다듬을 수 없는 눈물의 산실이다.

창밖에 내리는 눈과 부엌 안의 스프 끓이는 김이 묘한 조화를 이루었다. 아내가 국자로 맛을 보았다. 훅－쩝! 드디어 맛있는 닭고기 감자스프가 끓여졌다. 오늘 이 맛난 것을 먹을, 거리의 친구들을 생각하니 가슴이 따뜻해져 왔다. 이 스프를 받아 든 사람들의 모습을 생각하니 더불어 행복했다. 나눈다는 것은 행복한 일이다. 예수님의 말씀처럼 주는 것은 받는 것보다 훨씬 행복하다.

그런데 음식을 다 만들고 난 아내가 몸이 좋지 않다고 하면서 한숨 자야겠다고 하였다. 나 역시도 오후 되니까 갑자기 기침이 나고 몸 상태가 좋지 않았다. 이제 나에게도 이 춥고 눈 내리는 날, 전도를 소홀히 할 핑계거리가 생긴 것이었다.

그런데 아내가 한숨 자고 일어나더니 거뜬해 지기는커녕 오히려 "오늘 몸이 힘들어서 거리전도 찬양하는 것이 어떨지 모르겠다."고 하는 것이 아닌가? '오늘은 거리전도 나가지 않았으면' 하는 바람의 말이었다.

그 말을 듣고 "힘들면 쉬어. 나 혼자 가서 만들어 놓은 음식이라도 나누어 주고 올게." 했지만 왠지 내 마음 한쪽에서는 아내가 몸이 안 좋다는 생각보다는 하나님께서 주신 사명, 복음 전하는 것에 마음이 더 끌렸다. 나를 이 땅으로 불러내신 소명을 생각하였다. 그래서 다시 아내에게 말했다. "웬만하면 가자!" 나의 이 말에 몸이 안 좋은 아내는 그저 말없이 순종하였다.

출발하기 전 늘 하던 것처럼 아내와 함께 기도를 하였다.

"하나님! 오늘 주님의 생명, 뜨거운 복음 전하다가 우리의 심령이 뜨거워지게 해 주옵소서. 예수 그리스도의 능력으로 권능으로 영하의 날씨도 녹여 주시고 우리의 나른하고 약한 몸도 성령의 불로 지져 주셔서 뜨거운 은혜가 나타나게 하여 주옵소서. 지금 서부역으로 나갈 때는 연약한 몸으로 나가지만 돌아올 땐 새 힘 얻어 기쁨으로 돌아오게 하여 주옵소서. 두고 가는 예솔지, 주영이 보호해 주옵소서."

그리고는 차에 시동을 걸었다. 여전히 밖에는 눈들이 쉼 없이 바람에 밀려 춤을 추고 있었다. 거리는 당연히 눈 바다였다. 얼마나 눈이 많이 오는지 그 잘된 제설장비도 소용없었다.

눈 충만한 거리를 하나님의 은혜의 복음, 생명의 복음을 들고 누비는 기쁨을 어디에 비할 수 있겠는가? 150년 된 사자다리로(헝가리를 상징하는 대표적인 다리) 그리스도 예수의 마음 품고 도나우 강을 건너는 기쁨을 누가 알겠는가? 눈 천지의 세상에서 은혜 천지의 세상을 꿈꾸며 14년 된 차를 끌고 달리는 이 행복을 누가 알겠는가?

지난해에도 눈 내리는 거리를 누비면서 한 생명에게라도 예수님이 주신 이 복음 나누겠다고 나섰을 때 많은 기쁨을 누렸지만 올해 주시는 이 기쁨, 이 은혜는 훨씬 더 업그레이드된 은혜요, 기쁨이었다. 은혜 중의 은혜며 기쁨 중의 참 기쁨이었다. 컴퓨터만 업그레이드되는가? 아니다. 하나님의 은혜와 사랑은 늘 최고의 성능으로 업그레이드된다. 업그레이드된 은혜와 사랑! 업그레이드된 기쁨! 이 신비가 나와 아내를 서부역으로 이끌고 갔다.

그 신비에 끌려 서부역에 도착한 나는 찬양을 하며 전도지를 나누고 있었다. 그런데 마침 헝가리 텔레비전 제2 국영 방송국에서 가난한 사람들을 위한 성탄절 특별 프로그램 녹화를 위해 서부역에 왔다. 내가 찬양하는 모습, 전도지를 나누어 주며 복음을 전하는 모습, 그리고 아내가 추위에 얼고 곱은 손으로 오르간을 치는 모습, 음식을 나누는 모습을 촬영하였다. 나는 그때 카메라맨들이 촬영하는 것을 보면서 이곳 헝가리 공영방송에 우리와 관련된 기사가 이미 두 차례 방영이 되었지만 '이번 일을 통해서 또 다시 뉴거띠에서 노래하는 목사로, 복음 전하는 목사로 더욱 소문이 나면 좋겠다.' 고 생각했다. 그러면서 동시에 '만약에 몸이 좋지 않다고 해서, 기침이 난다고 해서 집에서 쉬었으면 이 좋은 기회를 놓칠 뻔했구나.' 하는 생각도 하게 되었다.

집으로 돌아오는 길, 차 안에서 아내와 나는 다시 한 번 약속했다. "그래! 오늘 우리가 봤잖아! 이 땅에 존재하는 그 시간까지 오늘 같이 살자! 나의 일보다 하나님의 일을 더 소중히 여기면서 하나님 우선주의, 복음 우선주의로 살자꾸나!"라고 말이다.

시편 101편 6절에서는 이렇게 기록하고 있다.

"내 눈이 이 땅의 충성된 자를 살펴 나와 함께 거하게 하리니."

하나님의 눈이 오늘 우리 시대와 세대를 향해 충성된 자를 살피실 때 바로 우리가 그분이 주목하시는 사람들이 되면 좋겠다. 이 시대의 다니엘이 되면 좋겠다.

내 얼굴을 구하면

홈리스로 지내는 아주머니 중에 유난히 힘들어 보이는 분이 있다. 그런데 오늘은 밥을 나누어 주기 전인데도 일찍 와서 사람들 속에서 찬양을 듣는다. 이제는 살아가야 할 삶이 살아온 삶보다 훨씬 짧은 황혼기에 접어든 분이다. '백발의 영화' 그 고귀하고 멋스러움을 나타내 주어야 할 시기에 누구 한 사람 거들떠보지 않는 존재가 되어 살아가는 모습이 참 안되고 염려스러웠다.

전도지를 나누어 주다가 그 아주머니에게로 갔다. 그런데 아주머니의 오른손 손목 주위가 보기에도 징그러울 만치 상처로 가득하였다. 어떤 곳은 딱지가 져 있었고 어떤 곳은 피부가 벗겨져 빨간 속살을 그대로 드러낸 채 피와 진물이 흘러내리고 있었다.

"왜 이렇습니까?"

"알레르기 때문입니다."

"약은요?"

"소용없습니다."

도대체 어떤 악성 알레르기이기에 피부가 이토록 상할까? 도대체 무슨 약을 사 주어야 될까? 나는 피와 진물이 흘러내리는 아주머니의 상처 위에 손을 가볍게 얹었다. 혹 내 손이 닿아 아플까 염려스러웠기 때문이다. 그리고 기도하기 시작하였다.

"하나님 아버지, 아주머니의 이 상처를, 이 고통을 치유하여 주옵소서. 모든 인생의 체질을 지으시고 알고 계신 하나님이여, 고쳐 주옵소서. 당신의 그 빛난 얼굴의 광채로 이 상처를 말려 주옵소서. 열두 해 혈루증 앓던 여인의 병도 말려주신 주여! …"

다음날 새벽에 나는 내 손에 묻었던 그 피와 진물을 생각하며 그 연약한 아주머니를 위해서 다시 기도하였다.

"주님, 고쳐 주옵소서!"

그리고 두 주 후 다시 모습을 나타낸 아주머니는 나에게 피와 진물이 흐르던 상처들이 아물어 가는 자신의 손을 내어 보이며 감사를 전하였다. 그 자신의 입으로 하나님을 찬양하는 간증을 듣게 되었다. "하나님께서 이렇게 하셨습니다. 하나님께서 나를 치료하셨습니다. 하나님께 감사드립니다."

실로 그 팔과 몸에서는 성령의 치료하심의 역사가 입증되고 있었다. 그를 괴롭히던 가려움과 피와 진물이 마르고 상처들이 아물어

가고 있었다. 새로운 것으로의 회복! 그것은 하나님께 예수 그리스도의 이름으로 간구함에 달려 있다. 예수 그리스도는 길이요 진리요 생명이시기 때문이다. 모든 상황을 역전시키는 능력이시기 때문이다. 치료하시는 하나님이시기 때문이다.

역대하 7장 14절에서 하나님은 이렇게 약속하셨다.

"내 이름으로 일컫는 내 백성이 그 악한 길에서 떠나 스스로 겸비하고 기도하여 내 얼굴을 구하면 내가 하늘에서 듣고 그 죄를 사하고 그 땅을 고칠찌라."

나사렛 예수 그리스도의 이름으로

거리전도 찬양집회를 하다 보면 찬양을 들으며 눈물을 흘리고 그래서 하나님의 사랑을 생각하고 깨닫는 사람들을 어렵지 않게 만난다. 성령에 이끌리어 자리를 뜰 줄 모르고 서서 찬양을 듣다 화장이 다 지워지도록, 눈이 벌게지도록 은혜를 받는 사람들이 참 많다. 그들의 눈에서 마음에서 영에서 흐르는 눈물을 닦아 주며 우리 인생들의 마지막 모든 눈물을 거둬 주실 예수 그리스도의 은혜의 손, 위로의 손을 수없이 생각하며 쉽지 않은 전도자의 길을 오늘도 걷는다.

'내가 천국에 입성하는 날, 그날 주님은 내 모든 눈물을 이렇게 닦아 주시며 위로하시리라. 착하고 충성된 종아, 하시며 칭찬하시리라.'

주님, 누가 이 외로운 사역의 길을 알겠습니까? 누가 내 마음에 흐르는 이 눈물을 보겠습니까?

그런가 하면 침을 뱉고 소리 지르며 "너희 나라에 가서 노래해라! 꺼져버려!" 하는 소리도 종종 듣는다. 때로는 개들도 와서 전도 집회를 방해한다. 경찰들, 시립요원들이 와서 분명한 허가서가 있음에도 이런저런 구실로 방해를 한다. 그러나 그때마다 예수 그리스도의 이름은 그 모든 방해꾼들을 소리 없이 사라지게 하였다.

2004년 5월 12일, 한참 찬양을 부르는데 키가 아담하게 작은 한 사람이 적당히 술에 취해서 소리를 지른다. '이 은혜의 자리에 오늘도 방해꾼이 왔군.' 속으로 이런 생각을 하며 나는 방해꾼에게 눈도 돌리지 않고 떠들거나 말거나 찬양에 귀 기울이는 사람들에게만 집중하며 찬양을 계속 불렀다. 그러나 그 사람은 쉬지 않고 나의 찬양 소리만큼이나 큰 소리로 떠들어댔다.

'저러다가도 은혜 받지.' 하고 웬만하면 참으려 했지만 방해의 정도가 지나쳤다. 나는 그에게로 가서 정말 정중한 말로 "나는 이곳에서 노래를 부를 수 있는 허가서가 있는데 당신은 여기에서 소리 지르라고 하는 허가서가 있느냐?" 하면서 '조용히 해 달라' 고 권면을 했다. 그러나 조용한 것도 잠시뿐이었다. 그는 여전히 큰 소리로 떠들어댔다. '안 되겠다. 더 이상은….' 나는 그 사람의 얼굴을 바라보며 혹시 헝가리 말로 하면 기분 상할까봐 우리 한국말로 외쳤다.
"내가 나사렛 예수 그리스도의 이름으로 명하노니 잠잠할지어다!"
내가 외치는 그 소리에 옆에서 피아노를 치던 아내가 누구에게 소리 지르는가 하고 쳐다본다.

이 고요한 선언이 있은 뒤 술에 적당히 취했던 그 아저씨는 잠잠해졌다. 아주 고요해졌다. 둘러선 사람들에게 전도지를 돌리고 오니 그는 어느새 어디론가 사라져 버리고 없었다. 예수 그리스도의 이름의 능력이 그날도 여실히 드러났다.

예수 그리스도의 이름은 나라, 언어 그리고 환경에 관계없이 역사하는 초월의 이름이다. 한국에서도, 헝가리에서도, 그리고 그 밖의 세계 어느 나라에서도, 또 우주에서도 예수 그리스도의 그 능력의 이름은 제한을 받지 않는다. 나사렛 예수 그리스도의 이름의 능력, 그리고 그 역사는 아직도 계속되고 있다. 예수 그리스도의 능력은 오늘 우리의 사역 가운데서 매 순간 나타나고 있다. 믿음으로 '예수 그리스도' 그 영화롭고 영광과 능력이 충만한 이름을 사용하면 반드시 그 신비함을 보게 될 것이다.

희망 없는 아이들을 위하여

지난 2005년 6월 26일 주일, 오랜 시간 기도하며 준비하였던 학교 사역을 시작하려는 부다페스트에서 약 230Km 떨어진 뀌르떼시 뿌스떠(나팔수의 평원) 마을의 어린이들과 인솔 어른들 43명을 부다페스트로 초청하였습니다. 태어나서 처음으로 자신들의 서울인 부다페스트로 나들이하는 어린이들!

아이들은 이 날을 손꼽아 기다리고 기다렸습니다. 기대와 설렘으로 밤잠도 설쳐가면서 말입니다. 그리고 그날, 자신들이 가지고 있던 옷들 중에서 최고로 좋은 것을 입고 최고로 멋을 내고서 전세 낸 버스를 타고 부다페스트로 나들이를 하였습니다. 물론 그 아이들이 입은 옷은 자신들에게는 최고였지만 돈 좀 있다 하는 다른 사람들에겐 걸레로도 사용치 않을 옷을 입은 아이들도 있었습니다.

새벽 6시에 출발하여 부다페스트에 도착한 그들은 관광명소로 꼽히는 부다 성을 비롯하여 이곳저곳을 둘러보았습니다. 텔레비전으로만 보았던, '나는 언제나 저곳에 가볼까?' 하였던 자신들의 서울을 보는 아이들과 어른들의 마음은 기쁨으로 가득했습니다.

그리고 점심시간이 되어 말로만 듣던 맥도날드 햄버거 집으로 갔습니다. 처음으로 받아 든 맥도날드 햄버거 메뉴 세트! 아이들은 입이 벌어질 대로 벌어졌습니다. 아이들은 흥분하였습니다. 어떤 아이는 받아 든 햄버거를 먹기가 너무 아까웠습니다. 그래서 먹지 않고 가방에 집어넣었습니다. 먹고는 싶지만 너무도 귀한 것이라고 생각했기 때문입니다. 그리고 기대 밖의 아이스크림까지 받아 든 아이들은 마냥 천사의 얼굴이 되었습니다. 이보다 더 좋을 수는 없다고 생각했겠죠. 잘못하면 기절할 수도 있었습니다. 너무 좋아서 말이지요.

그러나 하나님의 사랑은 여기에서 멈추지 않았습니다. 점심을 먹고 난 아이들은 동물원을 돌아보며 그들의 평생의 소원을 풀기도 했습니다. 그리고 현지인 께젤렘교회에서 함께 주일예배를 드렸습니다. 음악 예배로 하나님께 영광과 감사를 돌리는 시간이었습니다. 예배시간 역시도 아이들의 눈은 커질 대로 커졌고 그 눈빛은 신기함으로 더욱 빛이 났습니다. 텔레비전으로만 보던 플루트, 첼로, 비올라, 바이올린을 직접 보게 되었기 때문입니다. 정말 믿기 어려운 일들을 직접 경험하고 있었기 때문입니다.

그리고 예배를 드린 후, 교회 근처의 놀이터에서 자유 시간을 가졌습니다. 함께 온 어른들도 어린아이가 되어 그 놀이터를 자유롭게 뛰며 다녔습니다. 놀이기구들이 그들을 잠시도 앉아 있게 하지 못했습니다. 아이들 모두는 부다페스트를 처음 와 보았지만 그 어른들 가운데도 30년 40년 만에 처음 부다페스트에 와서 어린아이들과 똑같은 경험을 한 사람들도 있었습니다. 나는 미끄럼틀을 타며 나무 놀이기구들을 이용하는 그들을 보면서 우리가 함께 기도하며 소원하는 학교에 저런 놀이

터도 마련하면 좋겠다는 생각을 하였습니다.

그들은 정말 꿈같은 시간을 보냈습니다. 어쩌면 이것이 꿈인가, 생시인가? 하며 자신들의 살을 꼬집어보는 아이도 있었을 것입니다. 왜냐하면 이날 겪은 모든 일들이 다 태어나서 처음 경험한 것들이었기 때문입니다. 이 모든 일들은 예수 그리스도 안에서 이루어졌습니다. 누구의 이익을 위함도, 사사로운 개인의 생각도 아니었습니다. 오직 하나님의 소원이 하나님의 영광을 위하여 벌어진 일이었습니다.

빌립보서 2장 13절은 이렇게 기록하고 있습니다.

"너희 안에서 행하시는 이는 하나님이시니 자기의 기쁘신 뜻을 위하여 너희로 소원을 두고 행하게 하시나니."

대대로 가난과 멸시를 유산으로 물려받은 그 희망 없는 어린이들을 예수 그리스도의 이름으로 부다페스트로 초청한 일! 여기에는 적지 않은 물질이 들었지만 그 물질에 비할 수 없는 소중한 일이었습니다. 희망 없던 마을이 생기로 날마다 새로워지고 있습니다. 구원받는 사람들의 수가 날마다 더하여지고 있습니다.

아직 헝가리 정부로부터 구체적인 지원은 결정되지 않았지만 하나님이 함께하셔 그곳에 그 동안 중단되었던 교육이 실시될 것을 믿습니다. 저희는 그 동안 잡초와 잡목으로 우거져 있던 학교의 이곳저곳을 이미 다듬기 시작하였습니다. 앞으로 그곳에 학교가 세워지고, 교회가 세워지고, 집시들의 센터가 세워져 하나님의 영광을 드러낼 것입니다. 광야에 꽃이 피는 역사를 보게 될 것입니다.

2005년 7월의 기도편지 중에서

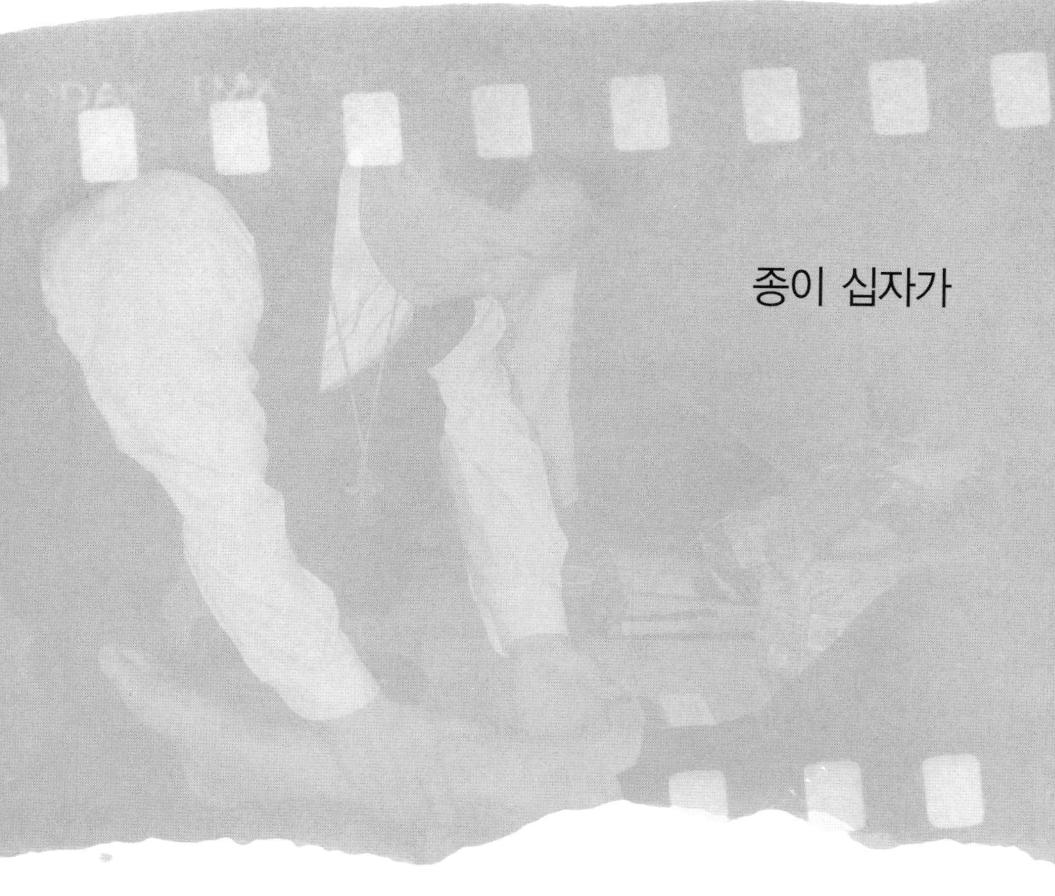

종이 십자가

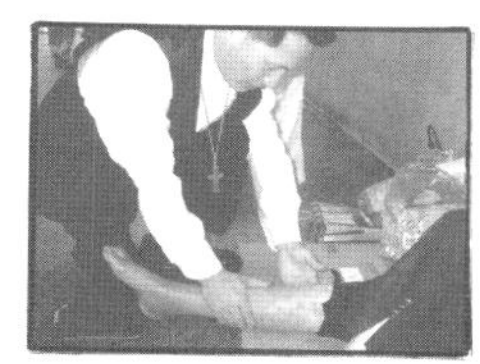

"신 어띠여, 내가 이것 붙들고 살았어! 예수님이 나를 고쳐 주셨어. 이 십자가를 보면서 늘 기도했어! 이 십자가가 나를 살린 거야!" 이슈트반은 여러 번의 수술로 고통스러워 힘들 때마다 그 볼품없는 종이 십자가를 붙들고 기도하고 또 기도하였다. 그리고 그의 기도는 기적이라는 이름으로 성취되었다. 썩어 절단해야 했던 그의 다리가 고침 받은 것이다.

가짜야 가짜!

금요일, 도넛과 사과 몇 개 들고 서부역에서 늘 진을 치고 사는 홈리스들을 일일이 만나고 있었다. 별 것 아닌 것을 받아들고서도 대단한 것을 받은 양 정말로 감사해 하는 그들의 모습을 보면 마음 가난한 사람들의 본질을 알 수 있을 것 같다.

주-욱 다니다 보니까 나이가 어느 정도 들은 처음 보는 남녀가 서부역 그 거칠고 거친 자리에 삶의 한 자락을 펴고 누워 있다.

'저 사람들은 또 무슨 사연으로 이곳까지 오게 되었나? 얼마나 이곳에서 견딜까?'

이런 생각을 하며 도넛과 사과를 남자에게 먼저 건네주었다. 그러자 그 사람은 '뭐! 이런 시시한 것을 줘?' 하는 식으로 거절을 한다. 그리고 여자에게 건네니 별로 고맙지 않은 표정으로 받아 든다.

그리고 다른 사람들에게 나누려 할 때 기분 상할 만큼 거절했던 남자가 "나에게는 이 빵과 사과보다도 돈이 더 필요하니 돈 있으면 좀 주쇼!"라고 한다. "나는 목사지 자선 사업가는 아니오." 했지만 그래도 그는 "조금이라도 좋으니 돈을 달라."고 한다.

그러자 고맙지 않은 표정으로 도넛과 사과를 받아 들던 여자도 "돈도 안 주는 사람이 무슨 목사야?"라고 소리치면서 함께 거든다. 그러면서 조금 전에 받아 든 도넛과 사과를 쓰레기통으로 사정없이 던져 넣어버린다.

"이런 것은 필요 없어! 당신이 목사야? 남의 사정도 알아주지 않는 사람이 무슨 목사야? 가짜야 가짜."

나는 집으로 오는 내내 그들의 말 앞에서 다시 한 번 목사 된 마음, 선교사 된 마음을 조아려 보았다.

'나는 진짜, 진짜 목사인가? 내 안에 가짜 요소는 없는가? 내가 정말 하나님의 종으로 오늘을 살아가고 있는 것인가? 혹 나를 안위하고 나를 기쁘게 하는, 나를 위하는 목회와 선교를 하고 있는 것은 아닌가? 이웃의 입장에서 그들을 이해하며 사랑하는 것이 아니라 나의 입장에서, 받아들이는 사람들이 전혀 감동하지 못하는 일방적인 사랑을 하고 있는 것은 아닌가? 사랑받는 사람을 살찌우고 그들을 풍성히 해야 진짜 사랑인데 나를 살찌우고 나를 풍성히 하고자 이 일을 하고 있는 것은 아닌가? 내 기쁨을 위해서, 나를 위한 사랑을 '당신들의 사랑으로 알라' 고 저들에게 강요하는 것은 아닌가?

진짜 목사, 선한 목자는 목숨을 내어 주는 사랑을 하는 것인데 혹 나는 내게 어떤 불이익이 다가오면 그 동안 사랑한다고 했던 사람들을 다 버리고 도망가는 삯군 목자는 아닌가?

우리는 예수님께서 강력히 경계하시며 말씀하신 요한복음 10장 11~12절에서 목자와 목사의 충분조건을 알 수 있다. 예수님은 이렇게 말씀하셨다.

"나는 선한 목자라 선한 목자는 양들을 위하여 목숨을 버리거니와 삯군은 목자도 아니요 양도 제 양이 아니라 이리가 오는 것을 보면 양을 버리고 달아나나니 이리가 양을 늑탈하고 또 헤치느니라."

선한 목자, 바른 목사는 양들을 위하여 말씀을 먹이기 위해 목숨을 버릴 줄 아는 마음과 영성을 지닌 사람이어야 한다. 그것이 바로 목사의 충분조건이다. 그런데 목사 말고 다른 세상일을 해야 할 사람들이 목사하며 하나님의 나라를 이리저리 어지럽히는 것을 종종 본다. 가뜩이나 혼탁한 세상을 더욱 혼탁하게 만든다.

그들에게서는 하나님의 양인 성도들을 위하여 헌신하고자 하는 자세를 찾아보기 어렵다. 양을 제물 삼고 수단 삼아 자신의 배만 불리려는 이리 같은 모습만이 가득하다. 목사를 안 했으면 그나마 다행이었을 사람인데 엄청난 실수를 하고 있는 것이다. 감당 못 할 심판이 그를 기다리는 것이다. 목사, 목자는 신분이 아니다. 자리가 아니다.

소명이요 사명이다. 지금도 많은 사람들이 정규 신학교와 무인가

신학교에서 목사가 되기 위해 공부를 한다. 그리고 나를 비롯한 수많은 사람들이 목사의 직분을 수행하고 있다. 나는 진심으로 묻고 싶다. '그들은 왜 목사가 되려 하는가? 또 왜 목사가 되었는가? 양을 위하여, 성도를 위하여 목숨을 버릴 줄 아는 마음, 영성이 있는가?' 하고 말이다.

나는 어릴 적부터 참 많은 목사님들을 옆에서 보아 왔다. 그분들 가운데는 지금 다시 생각해 보아도 너무나 아름다운 분들이 있다. 오직 '목양 일념' 외길을 걸으시며 예수 그리스도의 교회와 양들을 위해 자신의 몸과 영혼을 아낌없이 나누고 진한 향기를 내며 사신 분들이 있다. 나는 그 숭고한 삶이 몇몇 분들만의 것이 아닌 목사 전체의 삶이 되기를 바란다. 목사의 길을 걷는 모두가 목양 일념, 그리스도 일념으로 사는 길에서 벗어나지 않았으면 좋겠다.

다시 말하지만 목사는 자리가 아니라 소명이요 사명이다. 그리고 한 걸음 더 나아가 목사뿐만 아니라 모든 성도의 삶이 하나님의 사랑에 매인 소명이요 사명이다.

나는 가짜가 판치는 세상에서 진짜이고 싶다. 나는 거짓이 판치는 세상에서 진리이고 싶다. 가짜와 진짜, 거짓과 진리가 모호한 세상에서 나는 분명하고 싶다. 예수 그리스도께서 행하셨던 것처럼 나도 밝고 분명하고 싶다.

노예근성

2002년 2월, 부다페스트에서 약 50Km 떨어진 떠떠바니여 미쓰 마을에 구제와 선교를 위해서 다녀왔다. 미쓰 마을은 약 1,500여 명의 사람들이 살고 있는데 대부분 집시들이다. 주차장보다 훨씬 못한 곳이 이들의 집이다. 통풍구도 없다. 난방시설도 없거나 있더라도 변변치 못하다. 서너 평의 흙바닥에 다 낡은 침대 매트리스를 겨우 놓고 일고여덟 식구가 함께 살아간다. 갓 나은 아기부터 젊은 할아버지까지 멀건 국 먹으며 이것이 삶이려니 하고 살아가는 곳이다. 그러니 내일을 소망할 리 없다.

처음 내가 그곳에 갔을 때의 느낌은 TV에서 본 북한 마을 같았다. 먹을 것, 입을 것, 지낼 곳, 이 모든 것이 귀하고 귀하였다. 집시 마을은 같은 헝가리 땅에 있지만 전혀 다른 나라였다. 같은 헝가리 땅에서도 어떤 이들은 빵 한 조각으로 하루를 사는가 하면 어떤 이들은 돈을 주체할 수가 없어 흥청망청하고, 어떤 부류는 굶주린 배를 움켜쥐고 쓰레기통을 뒤져 겨우 먹을거리를 찾는가 하면 어떤 부류는 실컷 먹고도 음식이 남아돌아 처치 곤란이다. 누구는 변변한 신발도 없이 지내는가 하면 누구는 최고급 외제차로 할 일 없이 이리저리 다니며 연료만 낭비한다. 한쪽에서는 한겨울에도 쓸 만한 난방기구 하나 없이 지내느라 고생인데 한쪽에서는 한겨울에도 반팔 입고 땀을 흘리며 지내는 부류가 있다. 이런 아이러니한 현상을 무엇으로 설명할 수 있겠는가?

부한 사람들이, 여유 있는 사람들이 조금씩이라도 나눈다면 이 모순된 상황들은 어떻게 될까? 세상 모든 사람들이 한가족이라는 생각을 품고 서로 돕고 사랑한다면 우리가 살고 있는 이 세상은 어떻게 될까? 그러나 아쉽게도 내가 꿈꾸는 세상은 인간의 사고를 가지고는 도저히 이룰 수 없는 꿈이다. 내가 꿈꾸는, 세상 모든 사람이 하나 되는 세상은 오직 성령 앞에 모든 사람들이 하나 될 때만 이룰 수 있는 세상이다. 왜냐하면 성령은 너와 내가 없는 '우리'라는 세상을 만들기 때문이다. 성령은 이웃을 자신처럼, 아니 예수 그리스도께서 우리를 사랑하신 것처럼 사랑하는 힘을 불어넣어 주기 때문이다. 성령으로 새로워져 너와 내가 구분이 없는 하나 된 초대교회 성도들의 모습을 사도행전 4장에서는 이렇게 기록하고 있다.

"믿는 무리가 한마음과 한뜻이 되어 모든 물건을 서로 통용하고 제 재물을 조금이라도 제 것이라 하는 이가 하나도 없더라. … 그중에 핍절한 사람이 없으니 이는 밭과 집 있는 자는 팔아 그 판 것의 값을 가져다가 사도들의 발 앞에 두매 저희가 각 사람의 필요를 따라 나눠 줌이러라."

모든 물건을 서로 통용하는 세상! 제 재물을 조금이라도 제 것이라 하는 이가 하나도 없는 세상! 핍절한 사람이 없는 세상! 각 사람의 필요를 따라 나눠 주는 세상! 이 모습은 세상의 제도나 지식, 그 어떤 것으로도 도저히 이룰 수 없는 성령의 힘으로 이루어진 나라의 모습이다. 예수 그리스도의 정신이 투영된 사람들의 삶의 모습이다. 나는 이런 나라를 꿈꾸며 소망한다.

집시마을, 집시, 그들은 미국으로 하면 흑인이요 인도인으로 말하면 불가촉천민이다. 오래전 집시들의 최고의 꿈은 부잣집의 종이 되는 것이었다. 부잣집의 종으로 일할 수만 있다면 먹는 걱정은 덜 수 있기 때문이었다. 첨단사회인 오늘날 역시도 그들의 삶은 세상이 변한 것에 비하면 크게 달라진 것이 없다. 여전히 그들은 가난하고 천대받으며 외롭게 살고 있다.

척박한 그들의 삶의 실상을 보며 나는 어떻게 그들을 도울 수 있을까? 이리저리 궁리하다가 리스트 음대 교수들과 함께 불우이웃돕기 음악회를 하여 모금한 기금으로 그 마을을 돕고 있었다. 그때 그 음악회가 성공적으로 이루어질 수 있도록 리스트 음대의 학생처장인 프란체시카 교수, 자키 카탈린 교수, 에밀리어 교수, 레일러 교수, 쏘꼬라이 벌라쉬 교수 등이 함께하였으며 한인 회사들이 적극 후원하여 주었다.

어쨌든 그날도 마을에서 조금 외곽으로 떨어진 한 가정에 식품과 물품을 나누어 주기 위해 갔다. 그 가정 식구는 전체 23명이었다. 방이라고도 할 수 없는 곳에서 삐거덕거리는 마루로 된 방 하나에 낡은 침대만 덩그러니 놓여 있는 그곳에 어른을 제외하고 어린 아이들만 13명이 모여 있었다. 첫 돌 지난 아기부터 세 살, 네 살, 그렇게 줄지어 사는 가정이었다. 아이들의 얼굴에는 땟물이 줄줄 흐르다가 마른 흔적이 역력하고 손톱엔 시커먼 때가 가득하였다.

다른 가정들을 돌아보고 오후 두 시 무렵에 그 가정에 도착했는데 이제 막 구워낸 빵 냄새가 구수하였다. 그리고 한쪽 귀퉁이에는 구우려고 준비해 놓은 밀가루 반죽이 놓여 있었다. 마침 시장기가 가득했던 나는 그 빵 냄새를 맡으니 군침이 살살 돌았다. 그리고는 한 술 더 떠 '오늘 이 집에서 저 빵을 얻어먹을 수 있을까? 단 한 조각이라도 내게 줄까? 주었으면 좋겠다. 주겠지! 지난번에도 왔었으니….' 이런 너절한 생각까지 하기에 이르렀다.

그리고는 수시로 그 빵으로 눈도 마음도 기울어졌다. 굶주린 자의 노예근성이요 성화되지 못한 자의 바닥난 심성이었다. 신생하지 못한 자의 비극적인 모습이었다. 그 가난하고 구차한 살림살이, 인간적 삶이라고 보기에 너무나도 비참하고 초라한 삶에 빌붙으려고 하는 나의 노예근성, 죄 된 영혼을 발견하고 나는 고백하여야 했다.

"역시 나는 죄인이로소이다. 오호라 나는 곤고한 사람이로다. 이 사망의 몸에서 누가 나를 건져내랴." 고백하여야 했다. 로마서 7장 21~25절은 이렇게 말씀하고 있다.

"그러므로 내가 한 법을 깨달았노니 곧 선을 행하기 원하는 나에게 악이 함께 있는 것이로다. 내 속사람으로는 하나님의 법을 즐거워하되 내 지체 속에서 한 다른 법이 내 마음의 법과 싸워 내 지체 속에 있는 죄의 법 아래로 나를 사로잡아 오는 것을 보는도다. 오호라 나는 곤고한 사람이로다. 이 사망의 몸에서 누가 나를 건져내랴. 우리 주 예수 그리스도로 말미암아 하나님께 감사하리로다. 그런즉 내 자신이 마음으로는 하나님의 법을, 육신으로는 죄의 법을 섬기노라."

그리스도 예수께서는 40일을 금식하시고도 물질적 유혹, 육체적 유혹 그리고 세상 사람들이 목숨 걸고 불철주야 추구하는 그 모든 유혹들을 물리치셨는데 나는 겨우 점심 한 끼 못 먹었다고 탐내지 않아야 할 것에 침을 흘리고 있었다. 쯧쯧쯧. 죄라! 죄라! 노예의 근성이라!

어쨌거나 그러고 나서 함께 간 현지인 사역자들, 성도들과 함께 23명이 생활하는 좁디좁은 그곳에서 예배를 드렸다. 현지인 사역자가 찬양을 인도할 때도, 내가 설교를 하는 동안도 두세 살 꼬마부터 온 식구들은 "아멘! 할렐루야!"를 연거푸 외치며 하나님을 찬양하였다. 그 가난하고 어렵고 비참한 삶 속에서도 그들의 얼굴엔 기쁨과

환희가 넘쳤다. 천국을 향한 소망의 얼굴빛이 가득했다. 가난하지만 진리를 알고 자유를 알아 가는 사람들, 마른 빵을 먹고 있으나 남의 것에 탐내지 않는 부요한 사람들, 집이라 할 수 없는 역한 냄새가 가득한 터에 살지만 하늘의 향기를 발하며 사는 사람들, 이 땅에 살지만 이 땅의 사람들이 아닌 사람들의 찬송이 그곳에 있었다. 물댄 동산 같은 지경에서 사는 사람들의 행복한 노래가 그곳에 있었다. 나의 성화되지 못하여 탐내지 않아야 할 것에 탐내는 초라한 모습과는 비길 수 없는 밝고 빛나는 모습이 그들에게 있었다. 성령의 나라, 그리스도의 나라를 꿈꾸면서도 여전히 세상 나라의 모습을 간직하고 사는 나의 모습과는 전혀 다른 모습이 척박한 삶의 터에 사는 그들에게 있었다.

종이 십자가

나는 헝가리에 2000년에 도착하여 전도를 하면서 동부역, 남부역, 디아크 광장 등 여러 곳을 다니며 적지 않은 사람들을 만났다. 그 가운데 서부역에서 사역을 하면서 제일 처음 만난 사람 중에 한 사람이 스테반(이슈트반)이다.

60세가 가까워오는 나이에 하얗게 자란 턱수염, 그리고 고난의 세월들을 술로 견뎌온 불그스레한 얼굴색이 그의 특징이다. 그의 생활터전, 삶의 자리는 지하철로 통하는 지하광장 계단 옆이었다. 그는 그곳에 어지간하게 찌그러진 의자 하나 놓고 떡 하니 앉아 책 몇 가지, 신문 몇 장 놓고 벌릴 리 없는 돈이 벌리기를 기다리는 사람이었다.

서부역으로 처음 전도 나가 그를 만났을 때 그의 무릎 아래 정강이는 붕대로 몇 번 감겨 있었고 그 붕대 위로 약간의 핏물이 스며 있었다. 나는 그의 상처 난 다리를 보면서 생각했다.

'내가 그래도 목사로, 선교사로 이곳에 왔는데 이 사람 다리를 위해서 기도를 해 줘야지. 이런 상처쯤은 쉽게 나을 수 있을지도 몰라! 만일 이 사람 다리가 기도함으로써 완치되면 전도는 저절로 될 것이 아닌가?'

그리 마음먹고 나는 이슈트반의 다리를 붙들고 열심히 기도하기 시작하였다. 그런데 그렇게 열심히 방언까지 섞어가면서 기도해 주었는데도 며칠이 지나서 보면 그의 상처부위가 나아지기는커녕 핏물이 더 넓게 번지고 붕대를 감아가는 부위도 날 보란 듯이 점점 더 넓어져갔다.

'아니! 기도를 하면 상처가 아물어야지, 아물기는커녕 왜 더 번지냐? 번지길! 이거 완전히 능력 없는 목사 티 내는구만! 기도의 능력도 없으면서 능력 있는 기도를 하는 척, 자비의 마음도 없으면서 사랑하는 척 소리만 요란한 목사, 깡통 목사가 아닌가?'

아무리 쉿소리가 나도록 "믿습니다"를 연거푸 해도 이슈트반의 다리는 점점 더 부어 올라왔다. 마침내 그의 다리에서는 피고름까지 섞여 나오고 다리의 색깔도 거무스름하게 변해가고 이제는 코를 댈 수 없을 정도로 역한 냄새까지 밀려오기 시작했다. 심지어는 멀쩡하던 다른 쪽 다리까지 번져서 제대로 걸을 수조차 없었다.

그러던 어느 날 나는 서부역에 도착하자마자 이제까지 그랬던 것처럼 이슈트반의 다리를 붙들고 기도를 시작하였다. 이제까지 그랬던 것처럼 붕대가 깨끗하게 감겨 있는 부위에 손을 얹고 말이다. 피고름이 배어나지 않은 곳, 깨끗한 곳을 붙들고 말이다.

그렇게 냄새나고 만지기 꺼려지는 곳을 피해 기도하는데 갑자기 가슴으로부터 이전에 듣지 못했던 강렬한 음성이 들려왔다.

"야! 너도 목사냐? 그런 목사가 어디 있느냐? 나는 이슈트반의 썩어가는 다리보다도 더 더럽고 냄새나고 추악한 너의 죄를 위해서 내 몸을 쪼개고 내 살을 찢고 나누어 그 피로 너를 씻어 주었는데 너는 기도 한다고 하면서 겨우 상처 없는 곳, 깨끗하게 붕대가 감긴 곳이나 붙들고 기도하느냐? 너의 죄는 네가 꺼려하는 그 피고름보다도 더 더럽고 냄새나는 것이었어! 언제까지 기도 아닌 기도를 하면서 사기 칠래? 에이, 이런 덜 된 것아! 차라리 목사 옷을 벗어!"

나는 그 강렬하고도 분명한 성령의 음성 앞에서 고개 숙이지 않을 수 없었다. 두려워하지 않을 수 없었다.

"하나님, 그렇습니다. 저는 참으로 덜 된 놈입니다. 기도하는 흉내만 내었지 참 기도를 하지 못했습니다. 진정, 한 영혼을 내 몸같이 사랑하는 마음이 없었습니다. 다리가 썩어가는 불쌍한 사람을 놓고 장난한 것이나 다름없습니다. 그의 아픔을 내 아픔으로 받아들이지 못해 간절하지 못했습니다."

이렇게 기도하고 그의 피고름 가득한 다리를 붙들고 그를 위해 참 기도를 하기 시작하였다. 아니 성령의 그 강렬한 음성 앞에 피고름이아니라 더한 곳이라도 붙잡고 기도하여야 했다. 성령의 이끄심 앞에는 거부할 수 있는 것이 아무것도 없다는 것을 나는 그때 새삼 느꼈다.

그러면서 나는 이렇게 생각하였다. '상처 부위가 조그마할 때 진즉 이곳에 손을 얹어 기도할 걸! 피고름 나기 전에, 냄새 안 날 때 기도할 걸! … 그럴 걸.'

그리고 며칠 후 저녁, 다른 때보다 조금 더 늦은 시간, 빵과 차를 가지고 서부역으로 갔다. 그런데 웬일인지 이슈트반 주위에 사람들이 가득 모여 있었다. 가보니 몇 명의 의사들과 시립병원의 보조원들이 이슈트반을 병원으로 호송하고자 이리저리 애를 쓰고 있는 모습이 눈에 들어왔다.

"이제는 가야 합니다. 더 늦으면 정말 위험합니다. 더 이상 미루어서는 안 되니 오늘은 우리와 꼭 같이 갑시다."

그러나 술에 약간 취한 이슈트반은 "나는 못 간다. 내 다리를 자르려고? 안 돼! 안 돼!"라고 외치며 버티고 있었다.

그 동안 나 역시 이슈트반에게 기도할 때마다 '병원에 가야 한다' 라고 했지만 '안 간다.' 고 하던 그였다. 나는 의사들을 제치고 이슈트반에게로 가까이 갔다.

그러자 그는 "신 어띠여, 저 사람들이 내 다리를 자르려고 한다. 나는 갈 수 없어!" 하고 나에게 하소연하듯 말하며 자신의 편이 되어 달라는 듯한 표정을 지었다. 의사들도 어찌 못해 손놓고 있고 두려움에 떨며 안 간다고 발버둥치는 그 가련한 이슈트반 앞에서, 그리고 그곳에 둘러선 많은 사람들 앞에서 나는 성경책을 꺼냈다.

그리고 시편 23편과 말라기 4장을 펼쳐서 그에게 읽어 주었다.

"여호와는 나의 목자시니 내가 부족함이 없으리로다. 그가 나를 푸른 초장에 누이시며 쉴만한 물가으로 인도하시는도다. 내 영혼을 소생시키시고 자기 이름을 위하여 의의 길로 인도하시는도다. 내가 사망의 음침한 골짜기로 다닐찌라도 해를 두려워하지 않을 것은 주께서 나와 함께 하심이라."

"내 이름을 경외하는 너희에게는 의로운 해가 떠올라서 치료하는 광선을 발하리니 너희가 나가서 외양간에서 나온 송아지같이 뛰리라."

"이슈트반!(스테반의 헝가리 이름) 하나님은 당신 편이야. 하나님께서 당신을 붙들어 주실 거야. 하나님은 예수님까지도 우리에게 주신 분이시잖아! 하나님께서 의사들을 당신에게 보내신 거야! 하나님께서 치료의 물가로 당신을 인도하여 주실 거야! 하나님은 당신을 무척이나 사랑하셔."

이렇게 그를 위로하며 의사들을 따라가도록 권면하자 완강하던 그의 태도가 조금 수그러졌다. 그런 그에게 나는 마침 나의 성경책에 꽂혀 있던, 내 아이가 만든 볼품없는 종이 십자가를 건네주며 다음의 말을 전하였다.

"이슈트반! 이 십자가를 붙들어! 이 십자가는 능력이야, 구원이야, 생명이야! 예수님께서 당신을 붙들어 주실 거야! 이것 붙들고 기도해! 예수님께서 당신을 도우실 거야."

그러자 그는 입술을 굳게 다물더니 의사들을 순순히 따라 나섰다. 모여선 사람들은 조금 전까지도 병원에 안 가겠다고 발버둥치던 이슈트반이 순순히 가겠다고 따라나서는 모습을 보며 다들 의아해하였다. 나는 그 이유를 아는데 말이다. 두 명의 의사 보조원들이 이제 병원으로 가겠다고 하는 이슈트반을 부축하여 지하광장을 벗어나고 있었다.

함께 왔던 의사가 내게 고맙다는 말을 전하였다. 그러면서 그는 "내가 저 사람을 데리고 가기 위해 여러 번 왔었는데 번번이 실패했다. 최선을 다하겠다."고 하였다.

저만치 사라져가는 이슈트반을 보면서 나는 주님께 기도하고 또 기도하였다. 치료해 달라고, 다리를 자르지 않도록 해달라고 말이다.

그리고 약 두 달이 지났다. 찬양을 한참 부르며 전도지를 나누고 있는데 지하철 출구에서 어디서 많이 본 듯한 사람이 걸어 나오고 있었다. 이슈트반이었다.

나는 두 눈을 크게 뜨고 그의 다리를 주목해서 보았다. 다시 보고 또 보았다. 그의 한손에는 지팡이가 들려 있었지만 그 썩어가던 다리, 잘라버려야 했던 다리는 그대로 있었다. 할렐루야! 아무리 생각해도 할렐루야였다. 그 모습을 보고 어찌 하나님을 찬양하지 않을 수 있겠는가? 그의 성한 모습을 보고 어찌 춤추지 않을 수 있겠는가?

그는 약간 저는 걸음으로 내게 가까이 왔다. 그러더니 헝가리 사람에게서는 이제껏 볼 수 없었던 모습으로 허리를 구부릴 수 있는 한 최대한 구부려 큰 절을 하였다. 그리고는 겨드랑이에 껴 있던 파일을 펴더니 그곳에서 무엇인가를 꺼내려 하였다.

'무엇을 꺼내려는 거지?'

이슈트반이 꺼내 든 것은 다름 아닌 내 아이가 주일학교에서 만든 초록색 종이 십자가였다. 병원으로 실려 가던 그날 내가 그의 손에 쥐어 준 예쁘지도 않고 아무런 가치도 없어 보이는 평범하디 평범한 종이 십자가였다.

그는 그 종이 십자가를 꺼내어 높이 들더니 이렇게 외쳤다.

"신 어띠여, 내가 이것 붙들고 살았어! 예수님이 나를 고쳐 주셨어. 이 십자가를 보면서 늘 기도했어! 이 십자가가 나를 살린 거야!"

이슈트반은 여러 번의 수술로 고통스러워 힘들 때마다, 두려워 떨릴 때마다 그 볼품없는 종이 십자가를 붙들고 기도하고 또 기도하였던 것이다. 그리고 그의 기도는 기적이라는 이름으로 성취되었다. 썩어 냄새나고 절단해야 했던 그의 다리가 고침 받은 것이다.

십자가는 생명이다. 십자가는 능력이다. 십자가는 구원이다. 아무런 능력이 없어 보이는 십자가, 실패와 고난의 상징! 예수 그리스도의 십자가! 우리는 그곳에서 소망을 발견한다. 삶의 길을 얻는다. 아무런 능력이 없어 보이는 종이 십자가 속에서도 무한한 에너지를 얻는다. 이 세상을 이길 힘과 지혜를 얻는다. 그리고 그 십자가로부터 매일 새 생명을 얻는다. 왜냐하면 십자가는 하나님의 지혜요, 그리스도는 하나님의 능력이기 때문이다.

그래서 고린도전서 1장 18절, 그리고 24절에서는 이렇게 증언하는 것이다.

"십자가의 도가 멸망하는 자들에게는 미련한 것이요 구원을 얻는 우리에게는 하나님의 능력이라. … 오직 부르심을 입은 자들에게는 유대인이나 헬라인이나 그리스도는 하나님의 능력이요 하나님의 지혜니라."

전도자의 훈장

2001년 6월 30일, 6월의 마지막 거리전도 집회였다.

찬양을 부르다가 둘러서 있는 사람들을 향해 아직 서툰 헝가리 말이지만 "그리스도는 당신을 사랑하십니다. 예수님은 우리의 죄, 당신의 죄 때문에 십자가에서 돌아가셨습니다." 하며 복음을 전하는데, 갑자기 키가 190cm 이상 되어 보이는 젊은 청년이 내게 다가오는 것이었다. 그는 상하, 모두 검정색 옷을 입은 청년이었다.

내게 가까이 다가온 그는 살기어린 눈으로 쳐다보면서 "나는 가톨릭 신자인데 당신은 뭐냐? 개신교 목사냐? 왜 이곳에서 시끄럽게 노래를 부르고 사람들을 혼란스럽게 하냐! 예수 전하려면 너희 나라에 가서나 전해!" 하며 다짜고짜 나의 멱살을 쥐어 잡고는 한 대 칠 기세로 달려드는 것이었다.

상황이 험악해진 그때, 함께 있던 그의 동료가 다가와 "그만 하라."며 그를 말렸다. 그러자 그 청년은 "이곳에서 두 번 다시 시끄럽게 하지 마!" 하고는 씩씩거리며 돌아가는 것이었다. 엉겁결에 갑자기 당한 일이라 멍해 있다가 '내가 지금 무슨 일을 당한 거지?' 하며 정신을 가다듬고는 돌아서 가는 그를 향해 이렇게 외쳤다. "야! 예수님은 그래도 너를 사랑하신다."

전도 집회를 끝내고 집으로 돌아오는 길에 참으로 많은 생각을 하게 되었다. '내가 왜 그런 녀석에게 멱살을 잡히고 욕을 먹어야 하지? 내 꼴이 이게 뭐야? 그 젊디젊은 녀석에게 멱살까지 잡히고…. 이렇게 선교하러 온 건 아니었는데…. 좀 더 품위 있고, 고상하고, 점잖게 하려고 했는데….'

나는 밤새 이런저런 생각으로 뒤척이며 잠을 이루지 못했다. 한참이나 어린 녀석에게 멱살을 잡히고 모욕을 당한 것이 분하고 억울했다. 일고의 가치도 없는 그 청년에게 멱살잡이 당한 내 자신이 창피해서, 마치 나를 돼지처럼 멱을 따는 것 같았던 그 모멸감으로 인해 잠을 이룰 수 없었다. '내 자존심은 뭐야!' 잊으려 해도 그 장면이 잊혀지지 않았다. 더 약 오르고 분하기만 하였다.

그러다가 언뜻 잠이 들었다. 선잠이 든 그 상태에서 "너는 내가 너를 위해서 십자가에 못 박혀 죽으면서 받았던 수모와 고통을 아느냐? 나는 너를 위해 나의 생명도 주었느니라. 그런데 너는 겨우 그 일 당했다고 그렇게 분내고 있느냐? 그것은 분낼 일이 아니라 자랑할 일이야! 그 모멸이 바로 너의 자랑이야! 그 수치가 바로 너의 상급이야." 하시는 성령의 음성을 듣게 되었다.

"그래. 이것은 수치스럽고 창피한 일이 아니야. 예수님을 따랐던 수많은 믿음의 선진들이 불에 타 죽고, 돌에 맞아 죽고, 창에 찔려 죽고, 핍박당하고, 환난 당한 그 순교에 비하면 나는 아무 것도 아니야! 아무것도 아닌 일이지. 예수 믿으면 흔히 당하는 일이지!

사도 바울 선생은 한 번에 서른아홉 대를 맞는 매를 무려 다섯 번이나 맞지 않았는가? 동물에게 가하던 태장이라고 하는 비정한 몽둥이찜질을 세 번씩이나 맞았고, 죽어라! 하고 던지는 돌에 맞았고, 늘 주리고 목마르고 헐벗고 중한 노동에 시달리고, 정처 없는 삶을 살았던 바울이 아닌가? 차라리 죽는 것이 훨씬 쉬웠을 텐데도 오직 그리스도의 십자가만을 자랑하며 그리스도의 종으로, 복음의 노예로 살기를 거부하지 않은 사람이지 않은가? 그런 환경 가운데서도 바울 사도는 이렇게 외쳤다.

"나의 달려갈 길과 주 예수께 받은 사명 곧 하나님의 은혜의 복음 증거 하는 일을 마치려 함에는 나의 생명을 조금도 귀한 것으로 여기지 아니하노라."(행 20:24)

사명을 성취하는 일이라면, 복음을 증거 하는 일이라면 목숨도 기꺼이 드리길 소원하였던 사도 바울 선생의 불굴의 외침이었다.

그래! 나도 이제 주님을 위해서, 복음 때문에 멱땀을 당해 보았어! 이것은 나의 자랑이야! 닭이면 어떻고 돼지면 어떠리오! 그리스도의 사랑이 나를 강권하시는데, 내 손에 예수 그리스도의 사랑의 복음이 들려 있는데…. 주님! 나도 주님 때문에 멱땀을 당해 봤습니다. 주님 때문에 욕을 들었습니다. 주님! 사랑합니다. 감사합니다."

새벽녘에 일어난 나는 하나님께 어떠한 훈장이라도 받은 기분이 들었다. '멱땀을 당하고 욕을 먹고 수치와 모욕을 당하는 것이 하나님 나라를 위해서 내가 할 수 있는 일들이었구나. 이것이 전도자가 누릴 수 있는 복이로구나.' 생각한 나는 참으로 영광스럽고 기뻤다.

전도자의 훈장! 전도자의 복! 그것은 편안하고 안락한 신앙생활이 아니라 세상으로부터 받는 조롱과 핍박이었다. 세상으로부터 받는 비웃음과 업신여김! 그것이 전도자가 받을 자기 분깃인 것이었다.

마태복음 5장 11~12절에서 예수님은 이렇게 말씀하신다.

"나를 인하여 너희를 욕하고 핍박하고 거짓으로 너희를 거스려 모든 악한 말을 할 때에는 너희에게 복이 있나니 기뻐하고 즐거워하라. 하늘에서 너희의 상이 큼이라. 너희 전에 있던 선지자들을 이같이 핍박 하였느니라."

승리의 면류관은 핍박의 강 건너편에 있다.

영혼의 절규

2003년 1월 7일, 아주 추운 날이었다. 두툼한 잠바를 입었어도 추위는 가슴속까지 밀려왔다. 거리의 사람들이 걱정되어 약간의 먹을 것을 마련하여 서부역으로 갔다. 한국의 역전에는 그래도 온기가 있을 테지만 부다페스트 서부역 지하광장은 바람통이다. 사방팔방으로 길이 뚫려 있어 혼자서는 도저히 겨울을 지내기가 어렵다. 서부역에 도착하여보니 한겨울의 시린 바람을 녹이고자 몇몇 사람이 서로의 체온에 기대어 누워 있었다.

그리고 그들과는 따로 자리를 한 약 40세쯤 되어 보이는 사람이 고통스런 표정으로 엉거주춤 서부역 한 모퉁이에 누워 있었다. 병든 모습, 아픈 모습이 역력하였다. 그는 얼마나 아픈지 제대로 누워 있을 수도 없었다. 앉아도 누워도 서 있어도 육체의 고통은 그를 괴

롭혔다. 그에게 빵과 차를 주며 먹어보라고 권했다. 처음엔 고개를 저으며 먹기 싫다고 하더니 "먹어야 힘을 얻지! 먹어야 살지!" 하는 나의 말에 건네준 빵을 쥐어 잡았다. 그리고 아픈 몸을 겨우 일으켜 눈물을 흘려가며 안간힘을 써서 먹어보려 하였다.

빵을 삼키는 것이 힘들어 눈물까지 흘려가며 먹으려고 애쓰는 그는 빵을 먹는 것이 아니라 살고픈 의지를 먹는 것이었다. 그러나 그는 이내 먹는 것을 포기하고 말았다. 살고자 하는 그의 강한 의지도 병든 몸을 이겨내지는 못하였다. 먹는 것을 포기해야 할 만큼 그의 몸이 병든 것이다.

절규하듯 살고파 몸부림치는 그에게 "내가 예수 그리스도의 이름으로 기도해 주겠다."고 하자 그는 고개를 끄덕거렸다. 그의 기름기 가득한 머리 위에 손을 얹고 "하나님 아버지…" 하며 기도를 시작하는데 갑자기 그의 손이 자신의 머리에 안수하는 나의 손을 덮는 것이 아닌가. 그리고는 자신에게 남아 있는 마지막 힘을 다해 내 손을 눌렀다. '빵도 먹지 못해 이내 포기한 사람이 어디에서 이런 힘이 솟을까?'

안수하는 나의 손을 누르는 그 힘은 육체로부터 나오는 힘이 아니었다. 그의 영혼 깊은 곳에서부터 나오는 절규였다. '신 어띠여, 더 깊이 눌러 나의 생명을 위해 하나님께 기도해 주시오! 하나님, 내가 이렇게 살고 싶습니다. 나를 살려 주세요.' 하는 그의 간절한 마음이 내 마음에 전율이 되어 전해졌다. 그 누르는 힘이란! 그는 그토록 살고팠던 것이다.

나는 내 손을 그토록 간절하게 누르며 하나님 앞에 건강의 회복을, 새 생명을 구하는 그 사람의 모습 속에서 예수의 영이 없는 사람, 예수 그리스도를 거부하며 하나님의 창조적 형상을 상실한 사람들의 영혼이 자신의 육체를 향해서 구원을 부르짖는, 영혼이 절규하는 음성을 들은 것이다.

'나 좀 살려 주시오! 나의 영혼을 살려 주시오! 나로 육체의 이 고난에서 숨 쉬게 해주시오! 이 어둠의 땅에서 광명의 땅으로 이끌어 주시오. 죽어 신음하는 내 영혼을 건져 주시오!' 하며 아우성치는 모습을 보았다. 육체 안에 갇혀 병들어 신음하는 곰같이 울부짖고 비둘기같이 슬피 우는 영혼 말이다.

모든 사람은 하나님의 형상을 따라 창조되었다. 그 하나님의 형상이란 외적인 모습을 말하는 것이 아니다. 하나님의 형상은, 곧 하나님의 영, 하나님의 정신, 하나님의 마음을 의미한다. 내적인 것이요, 영원한 것을 말한다.

그러기에 하나님의 정신, 하나님의 영이 없는 사람은 하나님의 형상을 잃어버린 사람이며, 하나님의 형상을 잃어버린 사람은 곧 병든 사람인 것이다. 죽어가는 존재, 아니 죽어 있는 존재다.

많은 크리스천들이 무심결에 세상과 결탁하고 죄와 타협하며 살아간다. 예수 방식, 하나님의 식대로 사는 것은 현대적이지 못하며 합리적이지 못하다고 여기기 때문이다. 하나님의 식대로 세상을 살면 지혜롭지 못하여 손해 볼 것이고 복음의 방식을 들고 세상과 싸우면 그것은 구식이어서 패할 것 같은 생각을 하기 때문이다.

그러면서 사람은 자신도 모르게 병들어 간다. 하나님의 영역을 하나씩 세상에 내어 줄 때마다 그는 신음하게 된다. 세상 방식으로 사는 것이 자신의 몸에 익으면 익을수록 그의 영혼은 하나님과 전혀 상관없는 사람이 되고 만다. 그 영혼이 사망의 늪에서 허우적대는 것이다.

우리는 자신의 외적인 모습을 보기 이전에 자신의 내면을 보아야 한다. 내면은 시기와 탐욕, 거짓과 불의로 엉망인데 외면만을 거울에 비추어 보며 '거울아, 거울아! 이 세상에서 누가 제일 아름다우니?' 라고 묻는 마녀가 될 것이 아니라 영의 거울인 성경을 매일 읽고 묵상하며 영혼의 건강지수를 체크해 보아야 한다. 날마다 영혼의 자기 성찰, 자기 심판을 뼛속까지도 새롭게 하는 하나님의 말씀으로 해야 한다. 외모를 가꾸기 위해 성형에 관심 갖고 투자하기보다 영혼이 시들지 않도록, 병들지 않도록 가꾸어야 한다.

우리의 육체는 단 몇 분만이라도 산소를 공급받지 않으면 뇌에 치명적 손상을 입게 된다. 아무리 건강한 사람도 단 5분만 공기를 마시지 못하면 뇌가 그 기능을 상실하게 된다. 그러기에 모든 사람에게 신선한 공기는 절대적이다. 이와 마찬가지로 우리들의 영혼에도 산소가 필요하다. 인간의 영은 육체보다 더욱 민감하여 단 몇 초만이라도 영의 산소를 마시지 않으면 금방 죽음의 악취를 내고 만다. 형편없는 모습으로 타락하고 만다. 그러기에 우리는 끊임없이 자신의 영혼에 맑고 신선한, 참 생명의 젖줄인 예수 그리스도의 산소를 공급하여야 한다. 예수 그리스도의 생수, 그분의 산소를 끊임없이 먹고 마셔 건강한 삶으로 만들어야 한다. 왜냐하면 영이 죽은 것은 다 죽은 것이기 때문이요, 영이 살아있으면 영원히 살기 때문이다.

그러기에 요한복음 6장 63절과 로마서 8장 13절은 이렇게 기록하고 있다.

"살리는 것은 영이니 육은 무익하니라. 내가 너희에게 이른 말이 영이요 생명이라."

"너희가 육신대로 살면 반드시 죽을 것이로되 영으로써 몸의 행실을 죽이면 살리니."

세상을 떠나며 남긴 말

지난 6월 15일 매달 한 차례 방문하는 양로원에 갔습니다. 마침 우리의 아이들이 방학을 하여 함께 갔습니다. 그곳엔 약 40여 명의 할머니들만 있는 곳입니다. 약간의 먹을 것, 비타민, 그리고 긴요하게 쓰이는 휴지 등을 준비하였습니다.

아이들과 함께 찬양을 부르며 각 방을 돌면서 말씀을 전하였습니다. 각 방에서는 역한 냄새들이 나서 참기 힘들었는데 아이들은 나보다도 더 잘 참으며 할머니들을 섬겼습니다. 준비해 간 약간의 것들을 아이들 손을 통해 받아 든 할머니들은 그저 감사의 말로, 눈물로 자신들의 마음을 전하였습니다. 대부분의 할머니들이 "지난번에 안수 기도해 준 것이 너무나 좋았다. 신 어띠여가 안수 기도해 주어 참 평안했다."고 그렇게 이야기를 전하여 주었습니다.

할머니들과 이런저런 이야기들을 나눌 무렵, 양로원을 관리하는 분이 와서 나에게 이런 말을 전하여 주었습니다. "약 2주 전에 당신도 알고 있던 분이 세상을 떠났습니다. 그분이 세상을 떠나면서 이런 말을 남겼습니다. 한국에서 온 신 빠스또르가 내 아픈 다리를 붙들고 여러 번 기도를 해 주었는데 그것이 그렇게 마음에 남아 있습니다. 나는 그 사랑을 받았기에 참으로 행복합니다. 그리고 그 사랑이 있기에 하나님이 계시는 하늘나라로 나아가기가 두렵지 않습니다."

그 말을 전해들은 나는 예수 그리스도께서 주시는 은혜에 감격하지 않을 수 없었습니다. 이 미련하고 작은 자를 들어 하나님의 영광을 드러내게 하시는 은혜가 너무 커서 더 사랑하리라, 더 축복하리라 결심하고 또 결심하였습니다. 외로움과 그리움에 지친 할머니들, 사랑에 목마른 할머니들, 그들은 그 작은 사랑에도 감사하며 감격하며 소망을 갖습니다. 그리고 하늘나라, 예수 그리스도의 나라를 소망하고 있습니다.

2005년 7월의 기도편지 중에서

내 기도를 물리치지 아니하시고

"예수님께서 내 아이를 고쳐 주셨습니다. 내 아이가 완쾌되어 가고 있습니다. 의사들도 '어찌된 일이냐?' 하며 놀라고 있습니다. 하나님께서 나의 소원을 들어 주셨습니다." 그의 감격에 찬 외침은 소리 높여 "할렐루야!"를 외치게 하였다. "하나님을 찬송하리로다. 저가 내 기도를 물리치지 아니하시고 그 인자하심을 내게서 거두지도 아니하셨도다."(시 66:20)

선한 이웃

2004년 7월 6일, 전도를 거의 끝마칠 무렵 나이가 제법 든 한국인 부부가 우리 앞을 지나가고 있었다. 그러면서 "한국분이세요?"라고 우리를 향해 질문을 던졌다.

"예, 그런데요."

"참 자랑스럽습니다."

"별일 아닌데요, 뭐! 교회 다니세요?"

"예, 반포에 있는 ○○교회에 다닙니다."

"그러시군요. 안녕히 가세요. 헝가리 위해서 기도 많이 해 주세요."

그리고 거리의 사람들과 함께 밥을 나눠 주기 전 늘 하던 것처럼 주님이 가르쳐 주신 기도를 하고 오전 내내 아내와 함께 정성들여 만든 닭고기 감자스프와 빵을 나누어 주기 시작하였다. 내가 빵과 국을 받아 든 사람들에게 "알지욘 어즈 우르 띠게드.(당신에게 하나님의 복이 임하길 바랍니다.)" 하며 그들을 격려하고 있는데 조금 전의 그 한국인 성도가 다시 왔다. 먼발치에서 찬양을 부르고 밥을 나누는 우리들의 사역을 한동안 지켜보았던 것이다.

그러면서 "목사님! 제가 지금 가슴에 감동이 와서 조금이지만 후원하고 싶어 다시 왔습니다." 말하며 20유로를 나의 손에 건네주는 것이다. 여행 중에 있던 한국의 성도가 건네준 20유로! 그것은 돈이지만 돈이 아니었다. 그것은 정이요 감동이요 하나님을 향한 사랑이었다. 그리고 가난한 이웃을 향한 선한 마음이었다. 그 노 부부 성도는 "이 사람을 돌보아 주라. 부비가 더 들면 내가 돌아올 때에 갚으리라." 하였던 그 선한 사마리아인을 닮은 오늘 이 시대의 선한 그리스도인임에 틀림없었다.

나는 20유로를 건네고 적게 나누어서 미안하다며 쑥스러운 듯 돌아서 가는 그 뒷모습을 바라보면서 그들이 더욱 더 하나님의 마음을 닮아가는 선한 이웃으로 이 세상에 존재하길 기도하였다. 살아있으나 죽은 자가 아닌 죽은 자 같으나 살아있는 사람으로, 가난한 자 같으나 부요한 자로, 손해 보는 자 같으나 백 배의 이익을 얻는 삶으로, 이름 없는 무명한 자 같으나 밝고 빛난 존재로 그리스도의 사역을 이뤄 가길 소망하였다.

하나님의 마음을 품은 성도여! 가난한 자들의 외침에 귀 기울이는 성도여! 그대의 삶이 참으로 아름답소!

이사야서 58장 10~11절은 이렇게 말씀하고 있다.

"주린 자에게 네 심정을 동하며 괴로워하는 자의 마음을 만족케 하면 네 빛이 흑암 중에서 발하여 네 어두움이 낮과 같이 될 것이며 나 여호와가 너를 항상 인도하여 마른 곳에서도 네 영혼을 만족케 하며…."

그렇다. 문제는 선한 마음, 선한 삶, 선한 인격이다. 내 이웃은 배고픔 가운데 있는데 나만 배부르다면 그것은 배부른 것이 아니다. 나의 이웃은 울고 있는데 나만 혼자 웃고 있다면 그 웃음은 진정한 웃음이 아니다. 내 이웃이 고통 가운데 있는데 나만 평안하다 하면 그것은 참 평안이 아니다. 20유로를 내 손에 건네주고 간 노 부부 성도의 마음이 어떠했겠는가? 여행 중 두고두고 행복하며 기뻐하지 않겠는가? 진정한 행복, 진정한 기쁨은 나눔에 있다.

로마서 13장 3절에서는 이렇게 말씀하고 있다.

"선을 행하라. 그리하면 그에게 칭찬을 받으리라."

웃는 것도
밤과 낮을 가리나?

2003년 2월 10일의 거리전도 집회 때 있었던 일이다. 눈도 제법 내리고 추운 날이었다. 그러나 하나님의 나라, 예수 그리스도의 생명의 복음전파는 중단될 수 없었다. 한 영혼을 천하보다 귀히 여기시는 그리스도의 마음을 깨달은 자로서 어찌 환경을 탓하며, 날씨를 탓하며 복음전파를 중단할 수 있겠는가? 복음전파는 예수 그리스도의 마음인 것을! 복음전파는 그리스도의 간절한 명령인 것을! 복음은 십자가의 열매인 것을!

찬양집회를 하는 서부역 지하광장 안으로 동유럽의 그 시린 바람이 불어 왔다. 그러나 그 거칠고 찬바람도 그리스도의 뜨거운 심장을 품은 전도자들 앞에서는 봄바람이 될 수밖에 없었다. 우리가 거리전도 찬양집회 시에 사용하는 마이크와 스피커, 그리고 전자오르간 등 여러 장비들은 전기를 필요로 한다. 하지만 거리에서 전기를 끌어 쓸 수 있는 형편이 허락되지 않기 때문에 약 60만 원을 들여 이동식 발전기를 구입하여 전기를 사용하고 있다. 여러 믿음의 동역자들이 기도하며 정성들여 보내 준 선교비를 모으고 모아서 마련한 것이다.

찬양집회를 시작하기 전 그 발전기에 주유를 가득하여도 중간에 한번은 꼭 재 주유를 해 줘야 한다. 그때마다 노숙자들이 주유를 해 주며 누군가의 손이 타지 못하도록 발전기를 지켜 주었다. 가끔은 찬양 부르다 말고 직접 달려가 주유를 하기도 하지만 말이다.

그런데 그날은 전기가 갑자기 중단이 되었다. '이 사람들이 어딜 갔나? 주유 좀 해 주지!' 속으로 생각하며 나는 전도를 하다 말고 주유 통을 들고 발전기가 놓여 있는 쪽을 향해 갔다. 그런데 어찌 된 일인가? 발전기가 보이지 않는 것이었다. 있어야 할 자리에 있어야 할 것이 없는 그 모습은 그날의 날씨만큼이나 썰렁하였다. 누군가가 집어가 버린 것이었다.

함께 거리전도를 하던 현지인 성도들이 달려왔고 그들과 함께 이곳저곳 서부역 근처를 돌아보았지만 발전기의 행방은 찾을 수가 없었다. 전도를 하다 말고 다들 난감해 하고 있었다. 나 역시도 그 짧은 순간에 별 생각이 다 들었다. '어떻게 구입한 발전기인데, 얼마 동안을 모아서 이것을 샀는데, 아니 이 발전기가 없어져 버리면 예전같이 동냥을 해서 전기를 써야 하는데, 이 눈 내리는 날에 그 무거

운 것을 들고 어디까지 갔을까? 요놈들을 그냥….'

그 순간 나는 이 사람들이 멀리 못가고 분명 어디 골목에 숨어서 잠잠해지기를 기다릴 것 같은 생각이 들었다. 나는 나도 모르게 서부역 뒤쪽 건물 골목을 향해 부지런히 발걸음을 옮겼다. 차들이 주차되어 있는 저만치에 제법 키가 큰 남녀가 서 있었다. 그리고 도로 가운데 차 한 대가 서 있었다. 차주인과 젊은 남녀는 서로 뭐라고 뭐라고 이야기하더니 차는 그냥 빠져나가 버렸다. 뭔가 이야기가 잘 되지 않은 것 같았다. 그리고 멀쩡하게 잘생긴 그 남녀는 우두커니 그곳에 서서 두리번거리고 있었다. 아마도 또 다른 차를 기다리고 있는 것 같았다. '뭔가 이상한데' 내 발걸음은 더 빠른 속도를 내기 시작하였다. 아니, 성령께서 나의 생각과 발걸음을 그곳으로 인도하고 계셨다.

역시나 그들 곁, 주차된 자동차 뒤쪽에는 발전기가 놓여 있었다. 그 반가움을 어찌 말로 표현할 수 있으랴! 내가 그들을 바라보면서 "무슨 짓이냐?"라고 하자 그 청년들은 오히려 기세등등하게 더 큰 소리로 덤벼들었다. "왜 우리에게 뭐라고 하느냐? 우리는 이 발전기와는 아무런 상관이 없다. 저게 뭐냐. 저게 뭔데 여기에 있냐?" 그러더니 그들은 슬금슬금 뒤꽁무니를 빼고 달아나 버리는 것이었다. 잃은 것을 되찾은 기분은 새로운 발전기를 샀을 때보다도 더 진한 것이었다. 현지인 성도들 모두도 하나님의 은혜라 하며 하나님께 감사를 드렸다. 그리고 다시 못 다한 전도 집회를 하며 감격에 감격을 거듭하며 헝가리의 영혼들에게 모든 사람의 참 소망이 되시는 예수 그리스도를 전하였다.

그날 저녁 잠자리에 들었는데 오후에 있었던 그 일이 갑자기 생각났다. 한참을 소리 내어 혼자 웃었더니 옆에 누웠던 아내가 "이 밤에 무슨 웃음을 그렇게 소리 내 웃어요?" 하며 핀잔을 주는 것이었다. 아내의 그 말에 나는 "웃는 것도 밤과 낮을 가리나?" 하며 아내에게 이렇게 이야기하였다.

"생각을 해보시게. 그 남녀가 그 무거운 발전기를 들고 열심히 뛰었을 것을 상상해봐! 그 무거운 것을 들고 미끄러운 눈길을 발바닥이 안 보일 정도로 뛰었을 텐데, 발바닥이 안 보일 정도로 말이야!" 그리고 그 웃음 뒤에 또 다시 마음이 아파왔다. "그것 팔아서 얼마를 얻겠다고, 그것 팔아서 무엇을 하려고, 보기에는 그리 가난하게 보이지 않았는데, 멀쩡하게 잘 생겼는데…."

현대인이라고 불리는 사람들, 21세기라 불리는 이 시대는 어떤 일에 힘을 쏟고 있는가? 어떤 일에 자신들의 정력을 기울이고 있는가? 2000년 전의 사람들이나 오늘의 사람들이나 그리스도 예수가 없는 사람들의 삶은 여전하다. 썩어질 것에, 순간적인 것에, 가치 없는 일에, 후회하고 한탄할 일에 자신들의 힘과 정력을 다 소진하고 있다. 정력을 위하여 육신의 일만을 도모하고 있다. 아무리 학문이 충만해도 물질로 풍요해도 예나 오늘이나 그리스도가 없는 사람들의 근본은 동일한 것이다. 오직 보이는 것에 소망을 두고, 오직 손에

쥘 물질적인 것에 소망을 두고 발바닥이 보이지 않을 정도로 뛰고 달리는 것이다. 돈이라고 하면 물불 가리지 않고 마구 덤벼드는 것이다. 어디로 가는지도 모르면서 무한정 달려가는 것이다. 자신들은 살겠다고 달려가는 길이라고 여기지만 자신들이 달려가는 그 길은 죽음의 길이다.

갈라디아서 6장 8절은 이렇게 말씀하고 있다.

"자기의 육체를 위하여 심는 자는 육체로부터 썩어진 것을 거두고 성령을 위하여 심는 자는 성령으로부터 영생을 거두리라."

똥통으로 가는 길

초등학교 2학년 때의 일이다. 어머니께서 감자를 한 바구니 주시면서 이웃집으로 심부름을 보내셨다. 매일 나만 심부름 시킨다고 투덜투덜 입이 한 자락이나 나온 나에게 "심부름 하고 오면 감자전 해 줄 테니 어서 갔다 와라 잉!" 하셨다. 어머니의 그 달콤한 유혹에 불평 가득했던 입을 막고는 바구니에 담긴 감자를 메고 이웃 아주머니 집으로 향했다.

바구니에 담긴 감자를 내려놓은 아주머니는 빈 바구니를 나에게 주며 "엄마에게 고맙다."고 전하라 하셨지만 나는 듣는 둥 마는 둥 감자전 먹을 생각만 가득하였다. 먹을거리가 풍성하지 않았던 시절에 감자전은 최고의 간식이었기 때문이다.

'간장에 찍어 먹을까? 설탕에 찍어 먹을까? 역시 설탕에 찍어먹어야지.' 그때는 설탕이 아주 귀했기 때문에 그런 생각을 하면서 오다가 들고 있던 빈 바구니를, 지금 다시 생각해봐도 정말 그 빈 바구니가 문제였는데, 그것을 머리에 뒤집어썼다. 그리고는 보이지 않는 길을 룰루랄라 신나게 걸었다.

그런데 잠깐 걷다 보니 발의 느낌이 이상하였다.

'어어! 땅이 아닌데…. 뭐야! 물컹물컹한 게 점점 들어가네.'

나는 바구니를 벗어 제치고 아래를 보았다.

아니 이런! 내가 서 있는 곳은 길이 아니라, 땅이 아니라 똥 바다였다. 당시에는 자그마한 텃밭이라도 있는 집이면 길가 밭 한 모퉁이에 인분으로 거름더미들을 많이 모아놓고 있었는데 나의 몸은 바로 그 숙성되어 가는 똥거름으로 점점 빠져 들어가고 있었던 것이다.

나는 그곳을 허우적대며 겨우 빠져나와 집으로 가면서 '괜히 바구니를 뒤집어썼네.' 후회했지만 소용없는 일이었다. 아무리 후회해 봐도 무릎까지 빠졌던 똥이 없어질 리 없는 일이었다.

어쨌든 그 몰골로, 그 냄새로 감자전을 뒤집고 계신 어머니 앞에 이르렀으니, 그날 감자전은 날아갔다. 감자전을 못 먹은 것은 아니지만 바구니를 뒤집어쓴 대가는 똥통에 빠지는 것만으로 마무리되지 않았다.

"얼른 냇가에 가서 몸 담그고 있어!" 어머니의 이 말씀에 절대 순종할밖에…. 가을 문턱에 들어서서 온기 없던 그때에 재방 둑을 한참 지나 냇가에서 몸을 씻던 그 서늘함이란, 후회막심이었다. '괜히

바구니를 뒤집어써 가지고 말이야!'

내가 심부름 갔던 그 길은 늘 교회 다니던 길이었다. 친구들과 거의 매일 자치기를 하며 땅따먹기 하던 길이었다. 무서리도 하고 감자서리, 오이서리도 하던 곳이었다. 눈을 감고도 갈 수 있다고 생각했던 길이었다. 그래서 나는 바구니를 눌러쓴 것이었다. 자신 있었으니까!

그러나 내 판단, 내 감각의 바구니를 눌러쓴 결과는 똥 걸음이었다. 그 잘난 내 지식, 내 경험의 바구니를 눌러쓴 결과는 똥통, 똥 바다였다.

오늘 우리가 이 어둡고 사나운 세상을 살아가면서 넘어지지 않는 것은 내 실력, 내 지식, 내 경험, 내 능력 때문이 아니다. 내가 넘어지지 않고 쓰러지지 않은 이유는 따로 있다. 그것은 시편에 기록된 것처럼 하나님의 신묘막측하신 오른손이 나를 붙들고 계시기 때문이다. 주의 불꽃같은 눈이 섬세히 나를 살피시고 있기 때문이다.

시편 37편 5~6절은 이렇게 기록하고 있다.

"너의 길을 여호와께 맡기라. 저를 의지하면 저가 이루시고 네 의를 빛같이 나타내시며 네 공의를 정오의 빛같이 하시리로다."

자기 자신을 불완전한 스스로에게 맡기는 것보다 모든 길의 주인이시며 완전하신 하나님께 맡기는 것이 정오의 빛 같은 성공을 이루는 지름길이다.

황제나비의 힘

매년 겨울을 나기 위해서 캐나다 동부에서 멕시코까지 3,500Km를 날아가는 나비가 있다. 황제나비, 북미대륙에 서식하는 이 나비들은 멕시코로 겨울을 나기 위해 단 한 번도 가보지 않은 곳을 찾아간다. 자신들을 낳아준 어미 나비들은 이미 죽고 없다. 오직 스스로 그 멀고 먼 3,500Km를 비행해야 한다.

나비를 연구하는 학자들 사이에서는 "한 번도 가보지 않아 길을 모르는 나비들이 어떻게 해서 멕시코까지 안전하게 갈 수 있는가?" 이것이 풀리지 않는 미스터리였다.

그런데 캐나다 퀸즈 대학의 연구 팀이 이 사실을 발표했다. 그 작고 여린 날갯짓으로 불가능의 여정, 3,500km의 거리를 비행하는 것, 그 비밀은 태양이었다. 나비들은 태양을 나침반으로 사용하여 알지 못하는 여정, 불가능한 여정, 그 길을 비행하는 것이었다.

이 황제나비들에게 있어서 태양은 절대적이다. 만약 황제나비에게 태양이 없다고 한다면 이들은 멕시코까지 날아갈 수 없을 뿐만 아니라 더 이상 번식하지 못하고 멸종되고 말 것이다.

캐나다에서 멕시코로 가는 여정 동안 그 작고 여린 나비들은 오직 태양에 집중하며 자신들의 목적지를 향해 나아간다. 다른 곳에는 초점을 두지 않는다. 오직 태양! 이것만이 살 길이다. 그래서 겨울을 지내고 다시 고향으로 돌아와 종족 번식이라는 최대의 사명을 이루고 그 생을 마감하는 것이다.

우리 인생들도 살아보지 않은 삶을 살아간다. 경험해 보지 못했던 알 수 없는 인생을 살아간다. 바로 앞에 있는 일을 알지 못한다. 내일 일은 물론 순간의 일도 알 수 없다. 그래서 우리 인생들은 늘 염려하며 두려워하고 있다. "내일은 어떻게 하루를 살지? 무엇을 먹을까? 무엇을 마실까? 무엇을 입을까?" 하며 근심한다. 그러나 우리에게도 나비의 희망인 태양과 같이 절대적 희망인 분이 계시다. 그분이 바로 우리의 구주이신 예수 그리스도다.

모든 인류가 영원한 나침반이 되신 예수 그리스도께 집중하면 염려하고 두려워할 필요가 없다. 방향을 잃을 염려가 없다. 낙오될 이유가 없다. 천국까지 걱정 없이 갈 수 있다. 뿐만 아니라 인생 여정 길에서도 그 천국을 즐기며 살 수 있다. 안전하고 행복한 인생행로, 천국으로의 순탄한 여행의 비결은 예수 그리스도다.

황제나비들의 '불가능한 거리에로의 비행', 그 비밀은 태양이다. 그리고 사람들의 '알 수 없는 내일의 삶의 비행', 그 비밀은 바로 예수 그리스도다.

내 기도를 물리치지 아니하시고

몇 달 전 서부역에서 청소하는 한 아주머니를 만났다. 여자들이 입기에는 좀 그런 불그스레한 잠바를 걸치고 역 이곳저곳을 다니며 주어진 일을 한다. 아주머니의 손가락 마디마디가 무디다. 얼굴 모습 또한 무디다. 그녀의 삶이 녹록치 않았으리라는 것이 한눈에 들어왔다.

어느 날 그 아주머니가 청소를 하다 말고는 찬양을 듣는다. 한 손에 빗자루를 들고서 말이다. 그런데 그날따라 그 무딘 얼굴에 근심과 염려가 가득하다. 세상 사느라 멍들고 굳어진 모습에 근심과 염려가 더하였으니, 절망의 마지막 모습을 보는 듯하였다. 참으로 딱해 보였다. 한참 찬양을 듣던 아주머니의 눈에서는 눈물이 뚝뚝 흘러내렸다. 말없이 흐르는 눈물! 그러나 울부짖는 마음, 그것은 그곳에 둘러선 모든 사람들의 시선을 끌기에 충분하였다.

내가 가까이 다가가 눈물을 닦아 주자 아주머니는 눈물을 삼키며 "신 빠쓰또르, 내 아이가 병이 들었어요. 의사도 고치기 어려운 병이라고 그럽니다. 내 아이가 불쌍합니다. 그 아이가 불쌍해서 어쩌지요? 제 아이를 위해서 기도를 부탁합니다."라고 복받쳐 오르는 눈물을 겨우 참으며 말하였다. 터져버릴 것 같은 울음을 참으며 기도를 부탁하는 아주머니의 모습은 자식이 병에서 놓임 받기를 바라는 절규 그 자체였다. 아주머니의 눈에서 흐르는 눈물은 눈물이 아니라 핏물이었다. 자식을 사랑하는 마음이, 자신의 가슴에 샘이 되어 눈물이 되어 흘러넘친 것이다. 나는 아주머니의 눈물을 닦아 주며 그 거칠고 무딘 손을 붙잡고 주님 앞에 간절히 기도드렸다. 지금도 살아계셔서 '여호와 라파' 로 역사하시는 하나님의 능력을 믿고 기도하였다.

"사랑의 주님, 치료의 하나님, 이 여인의 어린 자녀를 회복시켜 주옵소서. 주님의 능력으로 고쳐 주옵소서. 주님의 능력을 이 여인의 자녀에게 나타내 주옵소서. 죽은 자도 살리신 나의 예수님, 고쳐 주옵소서. 당신에게는 눈 먼 자도, 앉은뱅이도, 문둥병자도, 죽은 사람도 문제되지 않았습니다. 우리는 불완전하나 당신은 완전하신 분입니다. 우리는 할 수 없으나 주님은 전능한 분이십니다. 고쳐 주시기를 기도합니다. 치료의 빛을 나타내옵소서. 이 어머니의 피 눈물을 거두어 주옵소서. … 예수 그리스도의 이름으로 기도합니다. 아멘."

그 일이 있은 뒤, 아주머니는 전도 찬양집회를 할 때면 하던 청소 일을 멀리 던져 놓고는 손을 모으고 간절한 마음으로 기도하였다. 모르는 찬양을 따라 부르기도 하였다. 손을 모아 간절하게 기도하며 성령의 도우심을 구하는 그분의 모습은 목마른 사슴이었다. 하나님의 자비와 은혜를 향한 목마름이었다. 그런데 그런 열심과 정성으로 하나님의 은혜를 구하던 아주머니가 며칠 동안 보이지 않았다. '무슨 일일까? 혹시 어린 딸의 병세가 더 악화된 것은 아닐까?' 걱정되었다.

그렇게 두 주간이 흘렀다. 그날도 여전히 나는 찬양을 부르며 복음을 전하고 있었다. 그런데 유난히 환하고 밝은 모습으로 청소부 아주머니가 다가왔다. 오늘은 청소부 옷 대신 자신이 간직하고 있는 최고의 옷으로 한껏 멋을 내고 만면에 웃음을 머금은 채로 다가와서 손을 모아 기도한다. 그러나 오늘 드리는 기도는 절망의 가슴을 품은 탄원이 아니다. 구하는 자의 얼굴을 외면치 않으시고 선함과 인자하심으로 응답하여 주심에 대한 가슴 깊은 감격의 기도며, 감사와 찬양의 시였다.

'저 사람이 누구야?' 같은 사람이었지만 전혀 다른 사람처럼 보였다. 얼마 전의 염려와 근심 가득했던 그 어두운 얼굴은 온데간데없다. 감출 수 없는 기쁨으로 어쩔 줄 몰라 하고 있었다. 그 무딘 얼굴에 감사와 감격의 웃음은 가뭄 끝에 단비내린 대지의 모습과 같았다.

'누가 저 아주머니의 가슴속에 있던 눈물의 샘을 거두어 갔을까? 그리고 저 기쁨의 샘은 누가 파 놓았을까?' 그 아주머니는 나에게 한달음에 달려와서는 이렇게 간증하였다. 다 빠진 이를 훤히 드러내놓고 말이다.

"신 빠스또르, 예수님께서 내 아이를 고쳐 주셨습니다. 내 아이가 완쾌되어 가고 있습니다. 의사들도 '어찌된 일이냐?' 하며 놀라고 있습니다. 신 빠스또르, 고맙습니다. 하나님께서 당신의 기도를 들어 주셨습니다. 나의 소원을 들어 주셨습니다. 내 아이가 회복되고 있습니다." 그의 감격에 찬 외침은 나로 하여금 소리 높여 "할렐루야!"를 외치게 하였다. 내가 만일 할렐루야를 외치지 않으면 벙어리가 될 것만 같았다.

시편 66편 20절은 이렇게 기록하고 있다.

"하나님을 찬송하리로다. 저가 내 기도를 물리치지 아니하시고 그 인자하심을 내게서 거두지도 아니하셨도다."

인생들은 산을 넘는다. 실패와 좌절과 절망과 탄식의 산을 넘는다. 이런 문제 저런 문제들이 쉴 새 없이 다가오고 사람들은 그 산을 넘으면서 고통스러워한다. 어떤 사람들은 그 고통이 심하여 더 이상 일어서지 못하고 쓰러져 버린다. 그러나 그 어떤 높은 고난의 환경 가운데서도 넉넉히 이겨낼 능력이 있다. 그것은 기도다. 기도는 하나님의 보좌를 움직인다. 기도는 하나님의 마음을 움직인다.

말없이 들려주는 십자가의 증언

한인 은혜교회에 사연 많은 한 가정이 있었다. 결혼하기 전까지는 수녀가 되겠다고 하나님 앞에 약속했던 분이었다. 그런데 철저한 불교인의 가정으로 시집가면서 그의 약속은 세월 속으로 묻혀 버렸다. 마음으로는 교회를 가고 싶었지만 환경이 그럴 수가 없었다. 시부모를 따라 사찰을 다니면서 부처를 하나님으로 여기며 그렇게 십 수 년을 생활하였다. 그러다가 남편이 헝가리로 회사 발령을 받아오면서 그 동안 숨겨 두었던 하나님을 찾아 한인 은혜교회에 다니기 시작했다. 그러나 그의 남편은 함께 나오지 않았다.

그러던 어느 날 급작스레 전화가 왔다. "목사님, 제가 교통사고가 났어요. 빨리 좀 와주세요." 신음하듯 심각한 목소리였다. 다른 일을 보다 말고 나는 급한 마음으로 그 사고의 현장을 향해 달려갔다. 사고 현장에 가서 보니 무척 안타까운 상황이었다.

그 성도는 자신의 차로 아이들을 등하교 시켰는데 그날도 두 아이와 함께 학교에서 집으로 돌아오는 중이었다. 도로 중간에 동물이 죽어 있는 것을 피하려다가 길옆의 벼랑으로 곤두박질친 것이었다. 차는 완전히 폐차 직전이었다. 그러나 차가 부서진 것에 비하면 차 안에 있던 두 아이와 성도의 모습은 그렇게 절망적이지는 않아 보였다. 분명 하나님의 도우심이었다. 인간의 실수를 그대로 내버려 두지 않으시고 당신의 부리는 천사들로 생명들을 보호하신 것이었다. 세 사람은 앰뷸런스에 실려서 응급실로 갔다.

그리고 조금 뒤, 남편이 사고 현장으로 달려왔다. 그 여성도의 남편은 오자마자 부서진 차를 보면서 파랗게 질린 얼굴로 "목사님 이게 어떻게 된 겁니까? 우리 식구들은 어떻게 되었습니까? 아이들은요?" 부서진 차를 보고 그 남편은 아연 실색하였다. "모두들 생명에는 지장이 없습니다. 차가 부서진 것에 비하면 아이들도 그렇게 크게 다치지는 않은 것 같습니다." 그렇게 말해 주자 남편은 비로소 안도의 한숨을 내쉬었다.

처참하게 어지럽혀 있는 사고 현장을 함께 둘러보는 가운데 병원 응급실에서 전화가 왔다. 아직 정확하지는 않지만 모두들 큰 이상은 없고 작은아이만 어깨뼈에 금이 갔다고 하는 전화였다. 참 감사한 일이었다. 기적의 일이었다.

현장을 더 살피는 가운데 성도의 남편이 갑자기 흥분하여 소리쳤다. "목사님, 바로 저 앞에 십자가가 있는데요. 저분이 우리 식구들을 살려 주셨는가 봐요." 나는 그 남편이 가리키는 곳으로 얼굴을 돌려보았다. 사고 지점의 길 건너편 정면에 세워진 십자가가 우리를 향해 있었다. 그 십자가를 바라보는 순간 내 몸과 마음은 전기에 감전된 것 같은 전율이 흘렀다. 하나님의 임재 앞에서 어찌 감전되지 않을 수 있겠는가? 나는 하나님의 영광을 본 것이었다.

나는 그 십자가를 보면서 "내가 이 사건의 현장에 있었다. 내가 저들을 간섭했다."고 하는 십자가의 증언을 들을 수 있었다. 내가 미처 보지 못한 십자가, 그것이 철저하게 불교 집안에서 자라났던 그 남편의 입을 통하여 들은 말이다.

"목사님! 바로 저 앞에 십자가가 있는데요. 저분이 우리 식구들을 살려 주셨는가 봐요."

십자가의 예수 그리스도는 우리의 모든 삶의 영역을 친히 간섭하시는 구주이시다. 그리스도를 구주로 고백하며 믿음으로 살려는 사람들을 하나님께서는 어떤 상황에서도 결단코 홀로 내버려 두지 아니하신다. 망하도록 놔두지 않고 건져 올리신다. 예수 그리스도의 손이, 하나님의 능력이 미치지 못 할 곳은 그 어느 곳에도 없다.

시편 139편 8~10절에서는 이렇게 기록하고 있다.

"내가 하늘에 올라갈찌라도 거기에 계시며 음부에 내 자리를 펼찌라도 거기에 계시니이다. 내가 새벽 날개를 치며 바다 끝에 가서 거할찌라도 곧 거기서도 주의 손이 나를 인도하시며 주의 오른손이 나를 붙드시리이다."

창문 넓이

내 방에서 책을 보고 묵상을 하며 설교를 쓸 때는 가끔씩 창밖을 내다본다. 창문을 통해 밖을 바라보노라면 높푸른 하늘이 마음에 와 닿는다. 그리고 하늘을 닮고 싶은 마음으로 가득해진다. 모든 것을 다 덮고 포용하고 사랑하고 축복하고픈 그 푸르고 높은 마음, 하늘처럼 끝이 없고 다함 없는 마음을 소유하고 싶다.

그런데 그 넓지 않은 창문을 통해서 밖을 내다보는 데는 한계가 있다. 저 멀리까지, 저 높이까지, 끝까지 다 놓고 보고 싶은데 아쉽게도 내 방에 있는 동안은 양팔의 넓이밖에 보지 못한다. 다른 것을 보고 싶어도, 360도 회전하며 보고 싶어도, 세상 전체를 다 보고 싶어도 방 안에서 창문을 통해 밖을 보는 동안은 어쩔 도리가 없다. 조금밖에, 부분밖에 볼 수 없다.

더 넓게 더 높이 더 깊이 볼 수 있으면 좋으련만, 지금 내가 앉아 있는 이 자리에선, 한계가 정해진 이 좁은 자리에서는 되지 않는다. 손바닥만 한 창문을 통하여 온 세상을 보려는 것은 불가능한 꿈이다. 하늘 전체를 다 보려면 창문을 떼고 벽을 헐고 지붕을 뜯어내고 보아야 한다. 360도 돌아가면서 하늘을 보고 만물을 보려면 빌딩 숲이 아닌 넓고 푸른 들녘으로 나가야 한다. 아무 거칠 것이 없는 들녘에 서야 한다. 그곳에서 하늘을 보고, 세상 만물을 보면 시원스럽게 다 볼 수 있다. 거침없이 속속들이 보고픈 것을 세밀하게 볼 수 있다. 가려질 수 없다.

우리는 지구라고 하는 좁은 공간 속에서 살고 있다. 어떤 사람들은 세상이 넓다고 말들을 하지만 지구촌이라는 말이 유행어가 된 지가 이미 오래 되었다. 우리가 생활하는 이 지구 공간은 마치 하나의 방과 같이 좁다. 이 좁디좁은 공간에 살고 있기 때문에 이 좁은 지구라는 창문을 통해서 지구 밖의 공간, 우주, 아니 그 너머의 세계를 아무리 보려고 해도 보이지도 않고, 보려야 볼 수도 없다. 지구상에 존재하는 최고의 천문 관측기로 우주를 본다 해도 일부밖에는 볼 수가 없다.

볼 수 있는 공간보다 보지 못하는 세계가 훨씬 크고 광대하다. 우리의 상상으로도 그 세계에 미치지 못한다. 그렇다면 우리는 지구 밖의 광활한 그 세계를 도저히 볼 수 없는 것일까? 아니다. 볼 수 있고, 만날 수 있고, 그 세계에서 살 수도 있다. 내 안에 자리 잡고 있는 하나님과 거리 먼 욕심의 벽을 허물고, 이기심과 교만의 지붕을 걷어내고 위선의 창문을 떼어 낸다면 우리는 분명 신비한 그 세계를, 그 높고 깊은 세계를 볼 수 있고, 그 가치의 삶을 살 수도 있다.

우리 안에 하나님을 믿는 믿음이 충만하다면, 때 묻지 않은 청결한 믿음의 세계가 그 심령 안에 존재한다면 하늘보다 더 높푸른 마음을 소유할 수 있으며 하늘의 하늘, 모든 하늘의 주인이신 하나님의 얼굴을 매 순간 보게 될 것이다.

참 하나님이신 예수 그리스도께서 사람의 몸을 입으시고 환한 대낮에도 한밤중처럼 더듬거리며 넘어져 신음하는 우리 인간들에게 오셔서 선포하신 말씀이 있다. 마태복음 5장 8절의 말씀이다.

"마음이 청결한 자는 복이 있나니 저희가 하나님을 볼 것임이요."

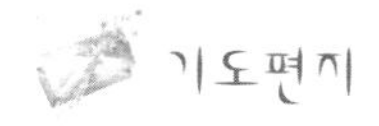

사랑은 또 다른 사랑을

5월 19일 노숙자를 위한 금요사역, 그 시간에 나는 이곳저곳에서 고단하게 지쳐 있는 한 사람 한 사람에게 훈제된 돼지고기와 차를 나누어 주고 있었습니다. 그러면서 마태복음 8장에 기록된 예수님께서 베드로의 장모의 열병 고치시는 말씀을 노숙자들에게 전하였습니다.

그때 노숙생활을 하는 한 아주머니가 내게로 다가왔습니다. 아주머니는 정부에서 운영하는 재활숙소에서 지내는 분입니다. 말이 재활숙소지 오후 6시 이후부터 다음날 아침 8시까지만 이용할 수 있는 곳입니다. 아주머니는 노숙생활을 하지만 볼 때마다 늘 단정한 모습입니다. 술 한 번 입에 댄 적이 없었습니다.

다른 노숙자들에게 예수님의 말씀을 전하고 있는 내게 다가온 아주머니는 200포린트(천 원)짜리 지폐를 꺼내더니 나에게 내밀었습니다. "신 어띠여, 이거 내가 주고 싶어요. 당신은 우리에게 많은 것을 주는데…." 이렇게 말하는 그에게 나는 "필요 없어요. 나도 돈 있어요. 당신이나 사용하세요." 하며 거절하였습니다. 그러나 아주머니는 "너무 적은 돈이라 미안하지만 정말 신 어띠여에게 주고 싶어요. 지금 나는 가난해서 이것밖에는 줄 수 없지만 꼭 받아 주세요." 하며 다시 내밀었습니다. 나는 거듭 사양했지만 그 아주머니의 얼굴을 보면서 '받지 않으면 안 되겠구나' 하는 마음이 들었습니다. 노숙자들에게 천원은 큰돈인데 그 엄청난 사랑을 아주머니는 왜 나에게 주었을까요?

사랑은 사랑을 낳는가 봅니다. 나는 이 작은 것, 티도 안 나는 것을 하는데 소외된 사람들의 마음 가운데서는 어느덧 또 다른 사랑을 잉태하고 있었습니다. 사랑은 사랑으로 통하는가 봅니다. 모자라고 부족하고 미흡한 사랑이지만 하나님께서 거리 사람들의 마음 가운데 더하고 충만케 하셔서 넓어 주시는가 봅니다.

2005년 6월의 기도편지 중에서

390Ft
263-09-93

IMA HÁZ
SKÁLA METRO
SKÁLA METRO
Ráadás!